Dones del Loto

Dones del Loto

Virginia Hanson

Grupo Editorial Tomo, S. A. de C. V.
Nicolás San Juan 1043
03100 México, D. F.

1a. edición, septiembre 2002.

Título original: *Gifts of the Lotus*
The Theosophical Publishing House

Nicolás San Juan 1043, Col. Del Valle
03100 México, D.F.
Tels. 5575-6615, 5575-8701 y 5575-0186
Fax. 5575-6695
http://www.grupotomo.com.mx
ISBN: 970-666-596-X
Miembro de la Cámara Nacional
de la Industria Editorial No. 2961

Traducción: Graciela Frisbie
Diseño de Portada: Emigdio Guevara
Supervisor de producción: Leonardo Figueroa

Impreso en México - *Printed in Mexico*

Introducción

El hombre de hoy, en la búsqueda de respuestas, ha redescubierto la antigua ciencia de la meditación. La práctica meditativa se ha vuelto tan necesaria en la vida de un hombre de negocios como en la de un artista o místico. Tanto el hombre de acción, como el de pensamiento, han encontrado en este noble arte la naturaleza de su yo interior y el despertar de las capacidades inherentes de su totalidad humana y su consecuente bondad como individuos.

Y como el hombre es —por propia naturaleza— un forjador de símbolos, confiere a los objetos que le rodean gran significado, intentando a través de ellos comprender la unidad fundamental de la vida, su interconexión y su bello propósito. Dentro de los símbolos más importantes, y considerado sagrado por su antigüedad, encontramos al loto. Reverenciado en China y Japón, sagrado en el antiguo Egipto tanto como en la India, adoptado como emblema cristiano por los griegos y las iglesias latinas que reemplazaron al ninfea, el loto siempre ha simbolizado la vida del hombre y el cosmos. Símbolo de sabiduría y del espíritu morador, el loto ha sido emblema de poderes creativos en el universo, tanto espiritual como físico. Y como el loto contiene en sí una perfecta miniatura de la futura planta, recuerda al hombre el hecho de que los prototipos espirituales de todas las cosas existen en el reino no-material antes de manifestarse en el plano físico.

Se dice que la raíz del loto sujeta al lodo representa la existencia material; su andar majestuoso sobre el agua simboliza nuestra experiencia en el reino emocional; la flor flotando en el agua y abriendo al cielo simboliza el despertar del espíritu, representando el surgimiento de lo objetivo sobre lo subjetivo; el florecimiento del espíritu humano en su búsqueda por lo Divino, significa la posibilidad de que el hombre logre el todo, la unión de su naturaleza exterior con la interior mediante el servicio de la vida universal. Desarrollándose desde el interior hacia el exterior, las potencialidades del Ser Inmortal se revelan en las condiciones existenciales del hombre; el loto del espíritu se abre en las aguas tranquilas de nuestra naturaleza psicológica y nuestras acciones exhiben la armonía de lo Divino.

El arte de la meditación diaria revela la naturaleza del loto en el Ser —el Ser Crístico, el *Atman*—, la chispa divina inmortal que yace enterrada en la turbulencia física. El camino real hacia el descubrimiento de los dones que el loto en el Ser contiene, como ha sido desde tiempos inmemoriales, los senderos del estudio, concentración y contemplación de las supremas alturas de iluminación y liberación. Los pensamientos contenidos en este pequeño libro pueden ser una guía a lo largo de este camino, y pueden ayudar al surgimiento de lo Divino contenido en el corazón humano, que se encuentra descansando a la luz del espíritu de los adornados dones del loto.

Joy Mills

Enero

Libertad

1. Libertad es obediencia a la ley universal; y nos sentimos más libres cuando obedecemos la ley de nuestro propio ser. Esa ley está en nuestro interior y trata de expresarse a través de nosotros.

2. Existen seis grilletes que nos impiden ser libres. Cuando se tiene una gran fe, se tiene un camino a la libertad. Depender de un Lama bueno y sabio es un camino a la libertad. Cuado se observan preceptos puros, se tiene un camino a la libertad. Vivir en soledad es un camino a la libertad. Permanecer solo es un camino a la libertad. Practicar la meditación es un camino a la libertad.

3. Serás realmente libre cuando a tus días no les falte una inquietud y a tus noches no les falte una necesidad o un pesar. Mejor dicho, cuando

estas cosas cercan tu vida y sin embargo tú te elevas sobre ellas desnudo y sin ataduras.

4. Nos aprisiona nuestra soledad, pero el hecho de pertenecer a la humanidad nos libera. Nos aprisiona nuestra igualdad con todos los hombres, pero nos libera nuestra naturaleza única. El que esto sea así es una paradoja.

5. El precio de la libertad, que ciertamente se "paga caro" es vivir con la carga de nuestras decisiones, soportar el doloroso proceso de desatarnos de los lazos que nos hemos impuesto, para aceptar con alegría y voluntariamente una responsabilidad total por nuestros pensamientos, sentimientos y acciones. Tal vez sólo esa aceptación de la carga de la libertad es lo que finalmente nos hará real y plenamente humanos.

6. Nuestra necesidad urgente es expandir nuestra conciencia de tal manera que trascendamos la mutiladora estrechez del egoísmo que impide la realización de nuestra verdadera naturaleza. La libertad es energía creativa que se libera en zonas de limitación. Las limitaciones no son

fijas. Nadie conoce el poder que tiene respecto a la libertad hasta que se ejercita en ella.

7. ...este absoluto dominio del deber comprueba finalmente la libertad de nuestra voluntad; ¿cómo habríamos podido concebir una noción como el deber si no nos sintiéramos libres? No podemos probar esta libertad mediante la razón teórica; la probamos sintiéndola directamente en la crisis de una elección moral.... Cada uno de nosotros es libre en una forma que sentimos pero no podemos comprobar.

8. El que es realmente libre, puede tener cualquier fe. O incluso cualquier escenario o manera de vivir, y ser ahí quien realmente es. Está libre de toda manera y forma, pues ha encontrado la Vida en todas las cosas.

9. La voluntad del hombre es una facultad de su personalidad superior interna. En esta personalidad superior... están todas las cualidades y poderes cósmicos. Dentro de sí, pero en las profundidades de su personalidad interior, el hombre tiene una estatura poderosa. Sus esfuerzos para avanzar hacia la libertad desenvolverán

lentamente estos poderes latentes y a medida que progresa se despojará de las limitaciones que lo mutilan y llegará a un estado de libertad que la mayoría de nosotros jamás hemos siquiera soñado.

10. Al parecer existe un vínculo entre la libertad y la comprensión total que puede surgir de una confrontación directa de la verdad de las cosas como son en realidad, no como quisiéramos que fueran o no fueran.

11. Sin importar lo distorsionadas que puedan ser nuestras interpretaciones de la libertad, si esta cualidad no fuera algo inherente en el universo, no podríamos malinterpretarla. Nadie puede afirmar que existe un principio de incertidumbre en el átomo y negarla en el hombre.

12. El momento de la primera elección libre representa una nueva dimensión en la evolución del alma, un alejarse de las interminables eras de reacciones inconscientes de uno mismo.

13. Postergar al cuerpo no es libertad, así como no lo es deshacernos de nuestro báculo y nuestra cantimplora; pero liberarnos de los nudos de

la falta de sabiduría en el corazón... eso ciertamente es libertad.

14. Es libre el que es él mismo ya sea que esté en plena acción o en tranquilidad serena; que al encontrar el vacío o la plenitud, la felicidad o el horror, escucha en todas partes la voz silenciosa que murmura: "Yo también soy Dios"; la voz de la unión de todos.

15. La libertad no sólo se relaciona con la vida social y económica del hombre, sino también a sus necesidades y anhelos espirituales, pues si no los satisface en cierta forma, sufrirá por estar incompleto.

16. Como ser consciente, el hombre el libre cuando se siente libre. Para él, la libertad es en realidad una condición interna. Es una libertad de grilletes psicológicos. Es un estado de tranquilidad psicológica que es autónoma, no le falta nada y se expresa a sí misma.

17. En un sistema unitario, y por consiguiente en un sistema en el que hay una interrelación de todo lo que existe, el ejercicio de la libertad no puede separarse de una responsabilidad por los resultados de ese ejercicio.

18. La libertad es más plena cuando lo ideal y lo real están totalmente de acuerdo. Porque existen grados de libertad. La libertad no es sólo un poder para concebir nuestros propósitos, sino un poder para realizarlos.

19. ... el camino de la libertad se vuelve cada vez menos atractivo para muchos, porque han deseado la libertad como una posesión personal, un accesorio personal conveniente. No podemos poseer a la libertad. La libertad debe poseernos a nosotros.

20. Debemos determinar si realmente deseamos la libertad; si estamos dispuestos a desafiar los peligros de un continuo renacer, saliendo de lo antiguo y entrando a lo nuevo, con todo el pesar y el sentido de pérdida que esto parezca implicar en cada muerte. Pues nunca damos un paso al frente sin renunciar a algo que amábamos, sin morir a lo que ha sido.

21. El individuo que tiene libertad espiritual es el que ha llegado a un puerto de tranquilidad inmune a las corrientes y tensiones de la vida ordinaria. No está buscando la libertad. Es libre

a causa de una percepción mayor de la naturaleza del mundo.

22. La libertad se manifiesta a través de la legalidad de ser. Es la liberación de principios universales mediante la acción.

23. Las cuatro libertades del aspirante: renunciar a las posesiones y a la seguridad; abolir el miedo; descubrir su propio camino; y la acción individual instintiva.

24. La libertad no implica una separación del mundo; esa separación significa debilidad; y el hombre no es libre de su mundo sino mediante el mundo. Su mundo es el socio de su trayectoria espiritual, y tiene logros en la medida en que libera el significado más verdadero y las posibilidades más sublimes del universo.

25. La libertad no es algo que se pese y se mida; es un movimiento del espíritu, sin impedimentos, sin estorbos, sin resistencia, sin barreras u obstrucciones al flujo de la vida misma.

26. Lo que al parecer se necesita para establecer un flujo constante de libertad psíquica, es la

aceptación de situaciones en marcos de referencia que constantemente son nuevos... Siempre que hay un retroceso o un sufrimiento; siempre que existe una dependencia servil de la historia, encontraremos esclavitud... falta de libre albedrío.

27. La libertad es en realidad un estado espiritual, aunque se puede reflejar en niveles inferiores. Y sólo en el sentido más profundo de la libertad se pueden manifestar las riquezas del Espíritu.

28. La libertad del individuo no se puede alcanzar en forma aislada, pues está íntimamente ligada con otros problemas más profundos de la vida humana. Ningún hombre solitario puede aspirar a esta libertad dejando sin resolver los demás problemas vitales de la vida. Involucra la totalidad de su vida y requiere un esfuerzo total de su parte.

29. La libertad, por tanto, yace en nuestra capacidad humana nata para elegir entre diferentes tipos de sujeción: estar sujetos a nuestro deseo de autoestima, o estar sujetos a la luz que ilumina nuestras vidas... Elegir libremente sujetarnos a

un servicio siempre creciente a la Luz, a la larga nos identifica con lo ilimitado, con lo libre.

30. La libertad interior significa que nuestras acciones siempre serán libres, no impuestas; esta libertad brotará de nuestra inteligencia y libre albedrío, sin involucrarse ni someterse a las fuerzas que nos obligan o que determinan nuestras acciones.

31. Da libertad a quienes están cerca de tu corazón, no separándote de ellos ni tratando de alejarte, pues eso a menudo crea lazos más cercanos. Da libertad con cada pensamiento; da amor, un amor desbordante, sin restricciones en tu mente, sin cuestionarlo en absoluto.

Febrero

Compasión

1. Permite que tu alma escuche cada grito de dolor, con la misma actitud que el loto abre su corazón para beber la luz del sol en la mañana. No permitas que el fiero sol seque una lágrima de dolor antes de que tú la hayas enjugado de los ojos de la persona que sufre. Que cada lágrima ardiente caiga en tu corazón y ahí se quede; nunca las alejes de ti, hasta que el dolor que las causó haya desaparecido.

2. Debemos crear para nosotros mismos un cuerpo de compasión en el que nuestros semejantes sean las células.

3. Llegamos a un punto en que nos saciamos de nosotros mismos y en que la vida exige que miremos hacia fuera, hacia otra vida humana. Un punto en que dejamos de ser el vaso vacío y nos convertimos en un manantial vivo.

4. Recordemos esto cuando nos estemos alejando de quienes actúan mal: una persona feliz nunca hace el mal, y debemos compadecer en lugar de condenar.

5. Cuando estamos unidos con otro ser humano en los triunfos y en los desastres, se nos eleva por encima de las pasiones de lástima y envidia; el pesar de otro es nuestro pesar; su alegría es nuestra alegría; somos uno en una unión de corazones.

6. Así como un caballo que ha corrido, como una abeja que ha fabricado su miel, cuando un hombre hace una buena acción, no debe llamar a otros para que vengan a ver lo que ha hecho, sino seguir haciendo bien, como la viña sigue produciendo uvas en cada estación.

7. A los miles de hombres y mujeres cuyo gran don es el amor de esposa, de esposo, de hijo, de padre o de amigo, el Plan pide acciones de ternura y de valentía, esos momentos aparentemente triviales en que sonreímos y tocamos la mano de otro, momentos que los animan a seguir adelante con decisión y así lograr sus metas.

8. Una de las misericordias del Señor es que no nos consumamos, pues su compasión siempre estará presente. Es nueva cada mañana.

9. El sentido de compasión tiene sus aspectos inferiores y superiores. En sus aspectos inferiores, existe más para evitar la molestia personal que causa un panorama de infelicidad y tristeza. En su aspecto superior, la compasión parte de una bondad general, pasa a través de la ternura que se muestra como protección y guía, y llega hasta las nobles alturas de la compasión comprometida.

10. La compasión es la ley fundamental del corazón mismo de la Naturaleza. Significa volverse uno con el universo Divino, con la vida y la conciencia universal. Significa armonía; significa dicha; significa amor impersonal.

11. Seamos bondadosos. En muchos de nosotros, el poder del amor es una copia tan deficiente, tan limitada, tan egoísta de la Flama Divina, que creo que cuando lleguemos a la última gran Puerta, nos agradará recordar que hemos sido bondadosos, que hemos animado a otros, que hemos perdonado.

12. Nuestro objetivo debe ser tratar de canalizar mejor el poder del amor que hay en el universo, para que así podamos agregar algo a la suma total de la felicidad que hay en este mundo y "tratemos de aligerar un poco el pesado karma del mundo".

13. Los seres humanos llegan a ser seres humanos sólo cuando han aprendido a *sentir con* otros, pues ese es el significado de la compasión. Es la corona de la conciencia por la que se reconoce a quienes son reyes entre los hombres; pero es una corona que cualquier persona común puede colocar sobre su cabeza. Esa corona no indica conquistas o poder sobre otros, sino la conquista y el poder que tenemos sobre nosotros mismos, y aparte de eso, no existe ningún otro poder ni ninguna otra gloria.

14. Cuando hemos llegado a la meta sublime, tendremos el impulso de regresar, como regresan los gloriosos Budas de la Compasión, para ayudar a nuestros semejantes que vienen atrás. Este acto de compasión es lo que hacen todos los que en verdad son salvadores espirituales de los hombres.

15. La piedad viene de la acumulación infinita de los recuerdos del hombre, de la angustia, el dolor y el sufrimiento de la vida, de todo el depósito de experiencias, de los rostros olvidados, de los seres perdidos, del millón de visiones extrañas y amenazantes del tiempo... Siempre viene en forma más aguda de un pequeño detalle.

16. La compasión es la verdadera naturaleza del Universo mismo; es el material con que está hecho... pues compasión significa "sentir con", y el Universo es un Organismo, un organismo vasto y poderoso, un organismo sin límite, que también podría llamarse Conciencia de Vida Universal.

17. El grado en que uno es sensible al sufrimiento de otros, a la humanidad del hombre, es el índice de su propia humanidad. Es la raíz, no sólo de la vida social, sino del estudio de las humanidades. El planteamiento vital de la pregunta que el filósofo se hace respecto al hombre, indica cuánto se preocupa por el hombre.

18. Ayuda a tus hermanos necesitados y se te ayudará, en virtud de la Ley de Compensación, que nunca falla y siempre está vigente.

19. Sé tú mismo y expande tu compasión; toca con los filamentos de tu conciencia los corazones de otros seres humanos... Sé bondadoso, niégate a odiar. Deja que tu corazón se expanda.

20. La piedad y la compasión son los sentimientos apropiados que debes atesorar respecto a toda la humanidad que yerra, y no debemos permitir ninguna otra emoción, como el resentimiento, el disgusto o el enojo.

21. Cuando pienso en la historia de mi Gurú, brotan en el fondo de mi corazón la reverencia y la fe; entra a mí la compasión y olas de gracia.

22. La compasión tiene sus raíces en el amor. Y la armonía y el amor son fundamentalmente lo mismo. Por su naturaleza, por su estructura misma, cada parte siente lo que experimentan todas las demás partes; y esto, en sus niveles más altos y cuando se expresa en el corazón humano, es lo que los hombres llaman compasión.

23. Un pensamiento bondadoso que se dirige hacia otro ser humano es para él una protección, y es hermoso tener estos pensamientos. Es un acto de humanidad, un verdadero acto de

humanidad; es algo que le encanta hacer a todo ser humano normal.

24. Nunca hay que juzgar irreflexivamente; nunca hay que malinterpretar las acciones de otros, sino ser compasivos ante sus debilidades, llevar sus cargas sobre nuestros hombros, perdonar sus fragilidades y compensar sus defectos; este es el verdadero espíritu de caridad.

25. La frase "Hermandad Universal" no es una frase ociosa... Es el único fundamento seguro de la moralidad universal. Si es un sueño, que al menos sea un sueño noble para la humanidad.

26. Todos somos la causa de ser precisamente lo que somos en realidad; y al mismo tiempo, guardianes de nuestros hermanos, pues cada uno de nosotros, *cada uno de nosotros*, es responsable de una interminable cadena de causas... no podemos pensar, hablar o actuar, sin afectar a otros seres, para bien o para mal.

27. El hombre alcanza la plenitud de su ser en la hermandad, en el cuidado que tenga de otros. Expande su existencia "llevando sobre sus hombros las cargas de sus semejantes". Como

hemos dicho, los animales se ocupan de sus propias necesidades; somos humanos en la medida en que cuidemos de otros.

28. La compasión no es un atributo. Es la Ley de las Leyes; es armonía eterna, la personalidad de Alaya; una esencia universal sin límite, la luz de la Rectitud eterna, y lo apropiado de todas las cosas. Es la ley del amor eterno.

29. No juzgues un movimiento, una causa, una opinión, por el grado en que te interese o te satisfaga. Tampoco los juzgues por el grado en que se oponen a ti. En lugar de eso, examina la medida en que pueden dar servicio a otros en sus necesidades.

Marzo

Verdad

1. Existen ciertas inclinaciones humanas que entran a la interpretación cósmica. En el cosmos encontramos lo que hay en nosotros... Si el cosmos en parte se define por la naturaleza de lo que somos, también descubriremos mucho más sobre nosotros mismos entrando en una relación con el cosmos que vaya de nosotros a él y de él a nosotros.

2. No sé cómo me ve el mundo; pero en la visión que tengo de mi mismo, he sido sólo un niño que juega en la playa, divirtiéndome al encontrar de vez en cuando una piedra más lisa o una concha más bonita que las que normalmente encuentro, mientras el gran océano de la verdad permanece sin ser descubierto a mi alrededor.

3. La verdad nunca desciende a nuestro mundo de errores; el que desee conocerla, deberá ascender

hacia ese mundo de Realidad en el que podrá verla cara a cara y llegar a ser, por un momento, verdad viviente. El hombre puede llegar a conocer el misterio de la vida; nunca podrá resolverlo, mucho menos abarcarlo con un sistema intelectual, sin importar lo lógico que sea. La vida no es lógica, aunque la lógica es el alfabeto que debemos aprender si queremos hablar el lenguaje de la vida, que es la verdad.

4. La naturaleza no nos presenta un banquete de verdades obvias en su mesa. Lo que necesitamos para alimentarnos, debemos desenterrarlo nosotros, aunque nos lastimemos las manos y nos duela la cabeza. Todo lo que vale la pena es recóndito, invisible y difícil de lograr.

5. Hay una verdad en cada cosa, y es la verdad de su ser, lo que es en esencia; que tal vez no sea igual a lo que es en apariencia, y ni siquiera tiene que ver con lo que al parecer hace. Esta verdad que hay en nosotros mismos es lo primero que debemos descubrir, antes de poder ver la verdad que hay en otros.

6. En estos lugares silenciosos recibes iluminación, recibes visiones de la verdad, porque tu espíritu, tu centro, tu corazón, ha entrado al centro mismo de tu ser.

7. Decir que la Verdad, como absoluto, es inconcebible, no significa que la verdad, como una realidad, no se pueda experimentar. Pues es inherente a la experiencia y a quien tiene la experiencia. Es el fénix que surge de las cenizas de su ser muerto, siempre nuevo y eternamente existente. Y cada percepción de esto, cada momento en que se está consciente de ese renacer, trae consigo una libertad propia.

8. Busquemos, entonces, la Verdad en todo, en todos, en cada circunstancia, con paciencia, con humildad, con amor.

9. Los líderes de la raza siempre deben inculcar esto en el hombre común: no hay un juego ni un deporte tan fascinante como la búsqueda de la verdad, pues la verdad es el fundamento de todo lo que el hombre espera hacer perdurable.

10. La verdad de palabra y de pensamiento es de suma importancia. Cuanto más puedas sentir que

la falsedad no es parte de ti, sino que viene a ti de fuera, más fácil te será reaccionar a ella y rechazarla.

11. La meta no está lejos de nosotros, sino en nuestro interior; entonces, lo que hacemos es sentir en nosotros la dirección de la Verdad, de esa verdad que incluso cuando se percibe levemente actúa como un imán o un perfume, que nos permite seguir un rastro invisible en los laberintos de nuestra experiencia.

12. Existe un punto que no captamos suficientemente: que Dios no se revela a nosotros sólo a través de un canal de verdad, sino a través de todos los canales de la verdad en coordinación.

13. La búsqueda de la verdad es el primer paso para encontrarla. Después de la búsqueda viene la comprensión de que la Verdad también está buscando a quien la busca.

14. La verdad de una idea no es una propiedad inactiva en ella. La verdad le ocurre a una idea. Se vuelve verdadera, los sucesos la hacen verdadera. Su veracidad es, de hecho, un suceso, un proceso: el proceso mediante el cual

se verifica, su verificación. Su validez es el proceso de validación.

15. El contenido intrínseco de la Verdad y su plenitud sistemática es lo que le dan toda la certeza que puede tener.

16. Ningún placer puede compararse con estar en el terreno de la verdad, lo que nos proporciona una ventaja: es una colina que no será vencida, donde el aire siempre es claro y sereno, y desde la que se pueden observar los errores, las divagaciones, las neblinas y las tempestades del valle que está allá abajo.

17. Mientras no estemos listos para sacrificar cierto dato de la ciencia racional a una idea intuitiva, la ciencia siempre guardará silencio respecto a la verdad absoluta, o incluso respecto al conocimiento absoluto, que es lo único que puede explicar las mecánicas del universo en forma satisfactoria. Hasta la ciencia más exacta siempre ha implicado magnitudes ilógicas, como el cero y el infinito.

18. La verdad, como el electrón, es una unidad orgánica de partes opuestas.

19. La verdad eterna necesita un lenguaje humano que se altere con el espíritu de los tiempos. Las imágenes primordiales sufren transformaciones incesantes y sin embargo permanecen siempre iguales, pero sólo en una nueva forma se les puede volver a comprender. Siempre requieren de una nueva concepción.

20. A menos que preguntemos con todo nuestro ser, nuestro corazón y nuestra alma, a menos que difícilmente podamos comer, beber o dormir si no tenemos conocimientos, a menos que ya no valga la pena vivir la vida si no tenemos la experiencia de la verdad viviente, no la alcanzaremos. Debemos desear la verdad más que la vida misma para ser dignos de experimentarla.

21. Necesitamos apartarnos por completo del mundo, lo que no significa que externamente debamos hacer algo que lo ultraje. Pero debemos estar preparados para pensar y actuar por nosotros mismos, leales a la verdad tal como la percibimos, buscándola para nosotros mismos en todo y no aceptándola de segunda mano.

22. La verdad siempre está donde queremos escapar. Debemos escalar la montaña de nuestro

sufrimiento y de nuestra ceguera, y todo lo que hemos buscado con tanto anhelo estará ante nosotros.

23. Lo que una persona es en lo más profundo de su interior, es la verdad de su ser, y lo que hace y lo que otros ven, debe fluir de esa verdad y seguir sus pautas. La sinceridad, la ausencia total de duplicidad, es un elemento en la búsqueda de la Verdad, que está oculta en el interior de nuestra personalidad más íntima y no se basa en cosas externas.

24. Aspira al descanso de la conciencia divina, pero con un deseo tranquilo y profundo. Puede ser ardiente al igual que tranquilo, pero no impaciente, inquieto o lleno de ansiedad. Sólo en la mente y el ser que tienen tranquilidad puede la Verdad, que está por encima de la mente, llevar a cabo su verdadera creación.

25. Una doctrina de la verdad que se presenta sin pruebas y basándose sólo en el valor de su propia nobleza, es un factor perturbador para la mayoría de los hombres, como lo sería un extraño sin nombre ni patria. Nos causa temor; la consideramos una invasión de un mundo desconocido.

Y lo es, es una invasión de otro mundo, del único mundo real, el mundo de la Realidad.

26. Existe en el hombre una conciencia, o el potencial de una conciencia, que llega a la verdad sin cometer errores. Es incapaz de hacer surgir algo que no sea la verdad. Esa conciencia es libre, pero esa libertad no es razón para que se aparte de la verdad. De hecho, la libertad absoluta de toda imposición del exterior es lo que hace posible que se exprese la verdad que está en el interior.

27. En el instante en que sentimos ira en una controversia, dejamos de buscar la verdad y empezamos a buscarnos a nosotros mismos.

28. En esencia, la Verdad es absoluta y yace en una integridad de ser. Pero sólo es posible hacer que se manifieste en formas finitas y de relación... Descubrir la naturaleza de la Verdad equivale a despojarla de las cosas que la cubren.

29. La verdad es la luz blanca espiritual que toca el prisma de la humanidad y se divide en los muchos colores con los que los individuos la interpretan.

30. Cuando la mente está perfectamente tranquila y deja de crear imágenes que sólo son prejuicios, distorsiones e ideas preconcebidas, cuando se ha convertido en un espejo perfecto, que no es convexo ni cóncavo, es capaz de reflejar la verdad que es la naturaleza misma del Espíritu. Será capaz de crear, de moverse y de operar a la luz de esa verdad.

31. Vivir una vida de verdad no consiste sólo en hablar con la verdad. Fingir ser lo que no se es, corrompe tanto como la falta de verdad en las palabras. Debe haber en nuestro corazón un amor genuino por la verdad.

Abril

Devoción

1. Pronuncia cada palabra, lleva a cabo cada acción, enfrenta cada situación ante un altar interior donde te arrodillas con una actitud de máxima adoración y entrega de ti mismo, bajo el sello y el signo de tu Personalidad más alta.

2. Oh Espíritu, te venero como belleza e inteligencia en el templo de la Naturaleza. Te venero como poder en el templo de la actividad, y como paz en el templo del silencio.

3. Entonces, tu Integridad y tu Inmortalidad serán para nutrir; el Dominio de la Devoción de la Mente Buena unida a la Rectitud hará que la paciencia y el poder se incrementen.

4. La virtud no es otra cosa que un afecto ordenado y medido que claramente se dirige a Dios, y sólo a Él.

5. La totalidad del Bhakti Yoga de hecho se describe como: ofrecer y consagrar lo físico, lo emocional, lo mental o cualquier otra energía, sobre el Altar Divino.
6. Que cada quien cree, según el modelo de su propio corazón, cualquier imagen, figura de la verdad o concepto al que pueda someterse por completo; entonces experimentará los ricos efectos de las influencias cósmicas que continuamente le llegan de las alturas.
7. Aquel que me sirva exclusivamente, a través del Yoga de la devoción, al ir más allá de las cualidades, será digno de llegar a ser Eterno.
8. Oh Dios mío, como Tú estás conmigo, y yo debo ahora aplicar mi mente a estas cosas externas, en obediencia a tus órdenes, Te ruego me concedas la gracia de continuar en tu Presencia; y con este fin préstame Tu ayuda, recibe todas mis obras y posee todos mis afectos.
9. El que se ocupa totalmente con su deseo de Dios, no tiene tiempo de considerar quién es su amigo o su enemigo, su familiar o un extraño.
10. Siempre es necesaria una forma para que la devoción crezca. Por consiguiente, es necesario

que para comprender la idea de la inmanencia de Dios, se le rinda culto en muchas formas, se le ame en muchas formas... Dios se muestra en muchas formas, para así atraer a las variables naturalezas humanas.

11. Mezclaré mis murmullos internos de devoción con las oraciones de los santos, y continuamente los ofreceré en los templos del silencio y la actividad, hasta que pueda escuchar Sus murmullos con fuerza y en todas partes.

12. Todas las cosas de la vida pierden su sabor después de contemplar la Visión Celestial, y a partir de ese momento nada es posible excepto entregarlo todo, sin conservar nada, a un ideal de servicio, devoción o renunciación.

13. Siempre sucede que según el carácter de la devoción de la persona, así será el objeto al cual es devota, sin importar qué nombre se le dé. En esencia, ese objeto es lo que la persona hace de él con su mente y su corazón.

14. Sólo tenemos que pensar en una idea con fuerza, y aquello que es su alma o lo representa se manifestará ante nosotros. Cualquier pensamiento de devoción que tenga fuerza produce

una respuesta instantánea; el Universo estaría muerto si esto no ocurriera.

15. ...ningún objeto de devoción que el hombre dedique al Señor de todo lo que posee, tanto del hombre como de las bestias; y del campo de sus posesiones, se venderá y se redimirá: cada objeto devoto es santo para el Señor.

16. El que me ofrece con devoción una hoja, una flor, un fruto, agua, yo la acepto de la persona que se esfuerza, pues se me ha ofrecido con devoción.

17. No es posible convertir, de manera automática, todas las acciones en culto, usando sólo el control del pensamiento; debe existir en el corazón una fuerte aspiración que producirá cierta comprensión del sentimiento de la presencia de Aquel a quien se ofrece adoración. El bhakta no se apoya sólo en su propio esfuerzo, sino en el poder y la gracia de la Divinidad que adora.

18. La verdadera devoción debe expandir todo nuestro ser y exponerlo como las aguas ante el sol, para que toda la superficie de nuestra naturaleza reciba los rayos actínicos de la Verdad.

19. Amarás al Señor tu Dios con todo tu corazón, con toda tu alma y con toda tu mente... y amarás a tu prójimo como a ti mismo.

20. El camino que se debe seguir para que la Conciencia Superior se manifieste en la tierra, es una clara devoción al Ser Supremo, un desarrollo claro, bien equilibrado e inteligente del intelecto y de las emociones.

21. Al hombre que tiene una devoción perfecta, se le dará la sabiduría y también la actividad correcta; ¿pues cuál podría ser su voluntad en la acción excepto la voluntad del Señor al que ama?

22. El Hombre Perfecto es una miniatura de la Realidad; es el microcosmos, en el que se reflejan todos los atributos perfectos del macrocosmos... Sólo el Hombre perfecto conoce a Dios, ama a Dios y Dios vive en él.

23. Hagas lo que hagas, comas lo que comas, ofrezcas lo que ofrezcas, des lo que des, hagas lo que hagas en la austeridad... hazlo como una ofrenda para Mí.

24. ...nuestra santificación no depende de *cambiar* nuestras obras, sino en hacer por Dios lo que comúnmente hacemos por nosotros mismos.

25. La devoción a un líder o a un maestro, cuando es pura, siempre es una devoción a lo que es verdadero, bello y bueno en esa persona. La devoción a un ideal es una devoción a la proporción de Verdad que se encarna en el concepto de esa idea.

26. No recibas de Él pensamientos a menos que desees tenerlos. Pues una intención dirigida a Dios sin otro motivo más que Dios mismo, es totalmente suficiente.

27. Porque en realidad eres esto, Oh Sabio de Mente Buena y lleno de luz, dame esta señal: que en toda la actividad de rehacer esta existencia, que una mayor alegría sea mía en tu culto y tu alabanza.

28. Eleva a Él tu corazón, incluso en las comidas y cuando estés en compañía de otros; el recuerdo más leve siempre será aceptable para Él. No necesitas gritar muy fuerte; Él está más cerca de ti de lo que crees.

29. Quien realiza acciones por Mí, su bien supremo, es mi devoto. Vendrá a Mí libre de apegos y sin odiar a ser alguno.

30. Te diré una cosa; que una intención pura de amor a Dios, por Él mismo... es más benéfica para la salud de tu alma, más digna en sí misma, y más agradable a Dios y a todas sus santas criaturas, ahora y por siempre... que si los ojos de tu alma se abrieran en contemplación y tuvieras una visión de todos los ángeles y santos que están en la Presencia de Dios, o que si escucharas la alegría de la melodía misma de su alabanza.

Mayo

Intuición

1. La palabra "completo" significa la calidad de la intuición pura. En circunstancias difíciles, cuando existe discordia en las consideraciones y confusión en el hecho de pesarlas y equilibrarlas, la manera de determinar el mejor curso de acción no es calculando, pesando o equilibrando, sino recurriendo a ese centro de gravedad que hay en nuestro interior el cual hará que avancemos por el camino de las acciones correctas y perfectas.

2. Intuición es ver "cara a cara", es contemplar. La mente avanza de una etapa a otra hasta alcanzar un resultado; la intuición percibe ese resultado al instante. La mente recuerda. La intuición no necesita recordar porque está percibiendo.

3. Percibimos la presencia de la *mente* por una percepción directa; la circunlocución intelectual

nos lleva a la noción de que el pensamiento es una danza de moléculas en el cerebro. ¿Hay alguna duda de que aquí la intuición contempla con más verdad el corazón de la vida?

4. Si sólo lo piensas un momento, ninguna de las cosas que vale la pena tener está sujeta a prueba. En cuanto empiezas a tratar de ponerlas a prueba, parecen caerse en pedazos. Surgen dudas por todas partes y tu fe está en peligro de arruinarse; hablo de la fe en las cosas que valoras. Saber por intuición en realidad es tomar "pares opuestos", trascenderlos a un plano superior, y ahí resolverlos o sintetizarlos.

5. La razón es el arma torpe de los científicos; la intuición es la guía infalible de los videntes.

6. Así como los ríos llegan a lo profundo, pierden su nombre y su forma, y desaparecen, así llega el hombre sabio a la Deidad, libre de nombre y de forma. Por consiguiente, la Deidad se toma como si fuera la intuición. Los ríos son los procesos de la mente o la emoción; y en la medida en que esos ríos se van haciendo cada vez más profundos, más fuertes y más ver-

daderos, pierden su nombre y su forma y por así decirlo, desaparecen.

7. La vida humana es la alegoría del espíritu, un drama sobre el desenvolvimiento de la conciencia; y la emancipación de la mujer en el mundo corresponde al surgimiento de la intuición en la conciencia y lo simboliza.

8. En la intuición existe un destello de conocimiento directo, pero la gran estructura del intelecto se ha construido a través de los siglos, y a través de ellos, el conocimiento intuitivo ha descendido a nuestra vida cotidiana con completa conciencia. Sin esa estructura, sin el intelecto como instrumento, la facultad interna de pensamiento no podría interpretar lo que ve con un idioma inteligible para sus semejantes; el artista puede ser fantástico, pero necesita un instrumento que tocar.

9. Hay personas en quienes la persuasión y la creencia han madurado hasta convertirse en fe, y la fe ha llegado a ser una intuición apasionada.

10. A través de la facultad de Intuición o Buddhi, es posible crear cosas quc son completamente

nuevas, pues cuando esa facultad se desarrolla, crea centros en la conciencia a partir de los cuales surgen ideas que son nuevas y verdaderas, y como son verdaderas, también son bellas.

11. La única autoridad que reconoces, el único poder de mando que permites, debe ser la Voz de esa Intuición que es inalterable, que nada en el mundo puede perturbar.

12. El conocimiento intuitivo... está libre de toda parcialidad y dualismo, ha vencido los extremos de enfatizar el sujeto o el objeto, es la visión sintética del mundo, la experiencia de la conciencia cósmica donde el Infinito no sólo se concibe, sino que se hace realidad.

13. En este mundo la humanidad constantemente recibe enseñanzas de dos maneras: mediante la instrucción y mediante la intuición. Esto es verdad a nivel general, pero en el fondo, la verdad es que el hombre sólo *comprende* a través de la intuición.

14. La intuición tiende a tener un efecto que universaliza. Te saca de lo particular y te lleva

a lo universal, te saca de las circunstancias y te lleva a la fuerza que opera en esas circunstancias. En otras palabras, es una introducción parcial a la vida que emana de toda la naturaleza.

15. Nuestra voluntad creativa secreta percibe su contraparte en otros, experimentando su propia universalidad, y esta intuición construye un camino hacia el conocimiento del poder que es en sí una chispa que está en nuestro interior.
16. Nunca fue la intención de los Ocultistas esconder lo que habían estado escribiendo de los estudiantes entusiastas y decididos, más bien quisieron guardar esa información en cajas fuertes para mantenerla segura; y la llave de esas cajas fuertes es la intuición.
17. El conocimiento tiene tres grados: opinión, ciencia e iluminación. El medio o instrumento de la opinión es el sentido; el de la ciencia es la dialéctica; el de la iluminación es la intuición. Yo subordino la razón a la intuición. Es conocimiento absoluto que se basa en la identificación de la mente que conoce con el objeto que conoce.
18. Entra a los lugares silenciosos de tu corazón; entra a las cámaras quietas y tranquilas de tu

ser interior... Entonces la intuición llegará a ti. Tendrás conocimiento de inmediato; conocerás la verdad al instante.

19. Cuando la razón no puede llegar a la verdadera solución de algo complicado, la intuición puede avanzar triunfante y presentar esa solución. El razonamiento es consciente, activo e inquisitivo, mientras que la intuición es espontánea, receptiva y pasiva. Una intuición no necesita tener una relación lógica con lo que se ha pensado antes. Por lo tanto, puede abrir un horizonte completamente nuevo en ese tema en particular.

20. La intuición no deja huellas. El movimiento surge dentro del alma, la posee posiblemente hasta la intoxicación y desaparece. No se le ha llamado, no se puede retener mediante un acto de la voluntad... Lo característico de la intuición no es la ausencia de las condiciones de una nueva experiencia, sino la plenitud de su presencia y la intensa fusión de sus funciones.

21. No debemos despreciar a la mente. Es uno de los poderes más maravillosos que puede poseer un individuo. Pero la intuición puede hacer dos

cosas por nosotros que la mente no puede hacer. Primero, puede convertir en fórmulas sencillas lo que la mente ha descubierto en esta vida o en vidas pasadas. Segundo, la intuición puede insinuar el futuro, lo que va a ocurrir.

22. Usa el poder de tu voluntad, y que la bendición de la Verdad, y la Divina Presencia del Inescrutable te proteja y te ayude a abrir tu intuición.

23. Lo que necesitamos superar es nuestra sospecha infundada de que la intuición es un extraño de origen desconocido; debemos empezar a darnos cuenta, especialmente en la filosofía, de que todo lo que el hombre alguna vez ha pensado que haya sido valioso en la historia de la filosofía, se le ha enseñado como resultado de esa conciencia interna y directa de la verdad que llamamos intuición, y no es el resultado prodigioso de cierto razonamiento tedioso.

24. La calidad, naturaleza, vida y esencia de algo, sea un metal, un árbol, un trozo de madera, una pintura, un animal o un ser humano, sólo puede sentirse a nivel subjetivo con esa facultad superior que podríamos llamar Intuición, una forma de conocimiento directo.

25. El conquistador y el rey que hay en cada uno de nosotros es la intuición, la facultad que conoce la verdad, la vida y el futuro. Que esa facultad despierte en nosotros y guíe a los corceles de la mente, de las emociones y del cuerpo físico por el sendero que ese rey haya elegido.

26. Lo cierto es que hasta que el neófito llegue a la condición que se necesita para ese grado de iluminación, a la que tiene derecho y para la que es apto, la mayor parte, si no es que todos, los Secretos son imposibles de comunicar... La iluminación debe venir del interior.

27. La idea de que la conciencia existe en todas las personas es una intuición. Con los medios de que dispone, el científico no puede probar científicamente que existe la conciencia en otra persona, además de sí mismo. La región que está por encima de la mente consciente es el mundo de los arquetipos de las filosofías más antiguas.

28. La intuición es una especia de puente entre el futuro y el presente. Es una conciencia más grande que aún no se ha desarrollado ni ha llegado a su plenitud: pero es una conciencia más grande que

nos da un horizonte mucho más amplio. Nos lleva a un lejano reino de la naturaleza... en el que nos sentimos perfectamente en casa.

29. La intuición sólo puede hablarnos en esos raros silencios que se presentan en medio de nuestra vida llena de ocupaciones; la voz de la verdad viviente sólo puede escucharse cuando el intelecto, que normalmente está atado por ilusiones y lleno de seguridad en sí mismo, permanece silencioso por un rato. El momento de la iluminación bien podría ser el resultado de años de búsqueda mental que, por así decirlo, llama mediante la inducción, una actividad correspondiente en el mundo de lo Real, donde la mente sin trabas contempla la visión y habla con la mente que está presa. Pero siempre es el resplandor de la intuición lo que nos muestra la verdad y coordina el material intelectual que hemos reunido laboriosamente.

30. El aspirante concibe su ideal de perfección tan perfectamente como sea capaz de concebirlo, sabiendo siempre que sus sueños más perfectos sólo son la sombra más tenue de la realidad de donde brota ese reflejo.

31. [Existe] una Intuición Divina que no necesita maestros del exterior. No son conjeturas, corazonadas ni ilusiones. Es una facultad que sólo habla el idioma de la verdad. Toda falsedad ha sido eliminada de la naturaleza del hombre que es capaz de ejercitar esta facultad todo el tiempo.

Junio

Belleza

1. La creación de la belleza ideal en una forma, sea de pensamiento, de palabras, de música, escultura, pintura, arquitectura o danza, tiene este efecto: Toca en quienes la contemplan o la escuchan... esos centros de conciencia que son receptivos a la idea que se refleja en la forma, y al hacerlo ayuda a la conciencia a estar activa en un plano más cercano a la realidad.

2. Tratemos de llevar a su plenitud lo hermoso que hay en nosotros, lo que es hermoso para nosotros en nuestro nivel presente de crecimiento. Vivamos cada detalle de nuestra vida tan bellamente como seamos capaces.

3. La belleza es una señal de la posible conformidad entre el alma y la naturaleza, y en consecuencia, una zona de fe en la supremacía de la bondad.

4. La belleza es algo que está dentro de nosotros y que al mismo tiempo nos trasciende; por lo que sabemos con certeza, está dentro de nosotros cuando la vemos; nos trasciende porque sentimos que cada objeto bello es un símbolo o un ejemplo de una belleza más profunda, más permanente que nunca podremos captar. La belleza, al igual que muchas otras cosas, es un juego divino.

5. La belleza es una forma de Genio; de hecho tiene un nivel superior al Genio, pues no necesita explicación.

6. Una idea se percibe como bella porque encarna una ley. En su naturaleza de ley yace la esencia de su belleza... Cuando nos afecta esa ley o algunas de las leyes que hay en el objeto hermoso, decimos que es hermoso.

7. La belleza es el reposo de la acción perfecta en sonido, color o forma, y bien se ha dicho que sólo el arte perdura entre todas las cosas del mundo material.

8. El mundo no está pintado ni adornado, desde el principio ha sido bello; y Dios no ha creado

algunas cosas bellas, sino que la Belleza es quien ha creado el universo.

9. ¿Cuál es la magia de la hechizante armonía de la música que de pronto ciega nuestros ojos? ¿Cuál es el gesto soberano de las artes plásticas? En otras palabras, ¿qué revelación inevitable hay en la belleza que nos dice en forma autoritaria que el arte es verdad, y hace que nuestra aceptación de esa idea reverbere en un estremecimiento de reconocimiento agradecido?

10. Así como el conocimiento alimenta a la mente, la belleza nutre al corazón. El intelecto sobrevive en base a sus incertidumbres; las emociones, en base a su aceptación. De manera extraña, los pensamientos son negativos y los sentimientos positivos. La mente exige; el corazón de.... Responde en forma instintiva a la invitación de la belleza.

11. Cuando un alma hermosa armoniza con una forma hermosa, y las dos se ponen en un molde, eso será la visión más bella para quienes tienen ojos capaces de contemplarla.

12. Pues la belleza no es algo relacionado con los convenios de los hombres o de los Dioses; una cosa es bella sólo porque sigue la única ley de la belleza: que debe ser un espejo de un Arquetipo. Por lo tanto, una rosa hermosa no es hermosa por su simetría, su color o su ritmo, sino sólo porque sus "accidentes" de simetría, color y ritmo reflejan una Rosa arquetípica. Un rostro, una mano, un pie o cualquier parte del cuerpo hermosa, es hermosa porque para alguien que es sensible a la belleza, cada una de estas cosas es una ventana a través de la cual tiene una visión momentánea de un Arquetipo, una Obra Maestra del Artista de artistas.

13. Existe una belleza constante que pueden apreciar quienes están dispuestos a ver las cosas como son y no piden ninguna recompensa, excepto ver. Existe un alto placer estético en ver la verdad con claridad y en no estar temeroso de las cosas.

14. ... la belleza es vida cuando la vida revela su santa faz. Pero tú eres vida y tú eres el velo. La belleza es eternidad que se mira en un espejo. Pero tú eres eternidad y eres el espejo.

15. Al parecer no existe manera de analizar lo que explica en forma satisfactoria el impacto directo que la belleza en sí misma tiene sobre nosotros y la certeza con la que la reconocemos. La explicación de la belleza está en el hecho de que la reconozcamos.

16. No puedes ver la belleza exterior a menos que tengas belleza en tu interior. No puedes entender la belleza a menos que tú seas bello en tu interior.

17. La belleza es una señal de la posible conformidad entre el alma y la naturaleza, y en consecuencia, una zona de fe en la supremacía de la bondad.

18. ¿No se crea la belleza en cada encuentro entre el hombre y la vida, cuando el hombre paga su deuda concentrando en el momento que vive todo el poder que la vida le ha dado como una obligación? Es belleza para quien paga su deuda, y tal vez también lo sea para otros.

19. Si desarrollas tu sentido de Hermandad, llegarás a ser más sensible a la Belleza; si aprendes a crear la Belleza, instintivamente tendrás un sentido de camaradería con todo ser viviente.

20. La belleza no se puede definir porque es una expresión de la Vida... La vida siempre trata de integrarse. Cuando esa integración sea completa, habrá belleza.

21. La belleza es la vestidura y la expresión del Creador; Él hizo de la búsqueda de la belleza la Ley Suprema del Universo; cada insecto, cada arbusto e incluso cada cristal, percibe esa ley, la obedece y se convierte en un elemento bello del entorno.

22. Aunque viajemos por todo el mundo para encontrar la belleza, debemos llevarla en nuestro interior o no la encontraremos. Lo mejor de la belleza es un encanto más fino que la destreza que se ve en las superficies, en las líneas o en las reglas que el arte nunca podrá enseñar; en otras palabras, es una radiación que brota de la obra de arte y tiene características humanas; una expresión maravillosa a través de la piedra, el lienzo o el sonido musical, que son los atributos más sencillos de nuestra naturaleza, y por consiguiente, los más inteligibles para las almas que tienen esos atributos.

23. El camino no es difícil, si sólo ves y eliges el camino correcto; admira, no critiques; se compasivo, no condenes. Y tú que buscas lo Bueno, lo Verdadero y lo Hermoso, no necesitarás viajar muy lejos para encontrar lo Hermoso, pues te darás cuenta de que tú mismo eres hermoso.

24. Cualquier cosa que de una u otra manera sea hermosa, tiene su fuente en la belleza misma, y está completa en sí; la alabanza no es parte de esto. Por el hecho de recibir alabanzas, no es mejor ni peor.

25. Siempre habrá una o dos personas que consideren que las monedas de la Tierra valen menos que el oro de las hadas; el verdadero tesoro no es el botín de los reyes, sino la delicada belleza que está en el corazón de las cosas.

26. Hay una belleza, en la Naturaleza o en el arte, en la que encontramos una expresión de un fragmento del pensamiento Divino, cuando encarna un raya de la Naturaleza Divina. Esa naturaleza también está en la conciencia del hombre, que es un foco individual de la vida universal.

27. La belleza llega como algo gratuitamente generoso. Es una redundancia de benevolencia y tiene un valor que es muy distinto al mero sentido práctico... Su propósito parece ser enriquecer la vida, no sólo preservarla, y apela a la razón. Por eso es difícil concebir que la belleza brota de una fuente que carece de inteligencia.

28. No existe la belleza relativa; la belleza es absoluta, al menos tan absoluta como puede ser algo en esta tierra. Lo relativo es el gusto o la apreciación de la belleza.

29. ¿Quién podría realmente dudar que una visión del universo que no estuviera restringida por las limitaciones humanas, revelaría que la realidad, tal como se nos insinúa a través de la verdad, la belleza y la bondad, en el arte, la ciencia y la religión, resultaría ser una unidad mucho más perfecta de lo que podemos imaginar, y mucho más bella?

30. En la naturaleza hay un propósito muy profundo, y ese propósito es que todas las cosas hagan que se desenvuelva la naturaleza oculta que hay en ellas. En este desenvolvimiento hay alegría, hay creación, hay belleza.

Julio

Valentía

1. No temas a tus dificultades, no desees poder estar en otras circunstancias distintas a las que estás, pues cuando has sacado todo el provecho posible de una adversidad, se convierte en un escalón hacia una oportunidad espléndida.

2. El valor en la contienda es bastante común; incluso los perros lo tienen. Pero el valor que puede enfrentarse a la derrota definitiva de una vida de buena voluntad... es algo muy distinto, es la victoria.

3. El hombre valiente es el hombre humilde y verdadero cuya fe en la Vida y en su propósito siempre creciente es como la del ave que vuela sin dudar hacia el empíreo.

4. El tipo de valor que se induce en uno mismo por autosugestión o presentando un frente exa-

geradamente valiente, es en realidad una máscara de temor. Como tienes miedo en el corazón, adoptas una actitud que implica lo opuesto. Este supuesto valor no dura mucho.

5. Un alma que tiene aspiraciones nunca dejará de elevarse; un corazón que ama será abandonado. Las dificultades sólo existen para que al vencerlas nos fortalezcamos, y sólo quienes han sufrido podrán salvarse.

6. Hay un... camino, empinado y lleno de espinas, difícil de seguir; sólo lo han seguido los Grandes de la raza humana. Es el camino rápido, pero es difícil. Es el camino de la conquista de uno mismo, el camino de entregarse por el Todo.

7. Sólo una visión amplia y a largo plazo puede curar nuestro temor y fortalecer nuestros pasos. Una visión a largo plazo pone ante nosotros mucho más de lo que la antropología nos puede decir sobre el pasado.

8. Sólo hay una forma de saber lo que uno sabe; y es arriesgar sus convicciones en una acción, comprometerlas en una responsabilidad ... Uno no sabe lo que sabe, ni lo que desea saber, hasta que no se le desafíe y uno arriesgue algo.

9. Resistir, sobrevivir, triunfar a lo largo del trayecto, es la finalidad que el principio de vida se propone al inicio, y lo hace con tal sinceridad de propósito que hace que se desenvuelva un enorme potencial que nos asombra cuando lo vemos en retrospectiva.

10. El que no tiene el valor para enfrentar la vida y sus dificultades con paciencia y firmeza, nunca será capaz de superar las dificultades internas del sadhana que son aun más grandes. La primera lección en este Yoga es enfrentar la vida y sus tribulaciones con una mente tranquila, un valor firme y una confianza total en el Shakti Divino.

11. Las batallas más decisivas del mundo no se libran en los campos de batalla externos, sino en la conciencia de los hombres. Nadie puede improvisar el carácter. En todos los campos, la vida nos tiende emboscadas. Debemos estar listos de antemano.

12. Sólo tomando con fuerza la ortiga del peligro, podremos cortar la flor de la seguridad; quienes huyen de las emociones, de la intimidad, de los golpes y peligros inherentes a las relaciones

humanas cercanas, terminan siendo atacados por Furias invisibles en el último bastión del espíritu.

13. Como dijo en una ocasión un Maestro de la Sabiduría, el valor pertenece al alma inmortal. El cuerpo mortal sólo conoce la ley de autopreservación. El valor es el distintivo escarlata de nuestro Espíritu inmortal que vive y crece con el sacrificio, la fe y el amor.

14. La ciudadela está dentro de todos los hombres y mujeres de buena voluntad. Encontrarla es una tarea individual; la tarea más urgente e importante de nuestra vida... Podemos salir de nuestra personalidad invulnerable, con las banderas desplegadas, y arriesgarnos, aprovechar las oportunidades con mano fuerte, enfrentarnos al cambio dispuestos a adaptarnos a él. A menudo saldremos lastimados... pero en un sentido real y perdurable, estaremos seguros.

15. Ciertamente la peor realidad, la más horrible, siempre tiene en el centro una compensación, sólo es necesario mirarla fijamente.

16. Nunca olvides que la Vida sólo puede tener una inspiración noble y se puede vivir con rectitud

si se aborda con valor y galanura, como una espléndida aventura en la que te diriges a un país desconocido para enfrentar muchos peligros, para encontrar muchas alegrías, toparte con muchos compañeros, triunfar y perder en un gran número de batallas.

17. ¿Hay algo que mantiene unida a la humanidad? ¿Hay alguna fuerza, alguna conservación de energía espiritual que proteja el núcleo de cada esperanza noble y algún día reúna todas las visiones de los hombres?, ¿existe un camino que lleve a la realidad en el progreso?

18. No se necesita un alma grande para ser un héroe; se necesita un alma creada por Dios que sea fiel a su origen; ¡esa será un alma grande!

19. Cuando alguna prueba, desaliento o lástima de mí mismo se apoderaba de mí, me hice el hábito de decir para mí: "Esta es tu proeza especial. A ti te corresponde llevarla a cabo, tal como si tuvieras todos los medios. Emprendela con osadía y encontrarás a tu alrededor fuerzas inesperadas que se te acercan cada vez más, que vendrán en tu ayuda".

20. Todos los sistemas de entrenamiento en el ocultismo ponen mucho énfasis en la necesidad de valor. Si una persona inicia el Camino, tendrá que enfrentarse a las malas interpretaciones, a las calumnias y a los malentendidos.

21. Nunca midas la altura de una montaña hasta que hayas llegado a la cumbre. Entonces podrás ver lo poco alta que es.

22. La aurora presenta un reto cuando se inicia. El ejemplo que la gente necesita y que la electrifica, es intentarlo, ser fiel a sí mismo, luchar con el destino, sorprender a la catástrofe por el leve temor que nos causa... mantenernos firmes y resistir.

23. Debemos aceptar la vida tal como es; un reto a nuestra calidad sin el que nunca llegaríamos a conocer de qué estamos hechos ni creceríamos hasta alcanzar toda nuestra estatura.

24. También se necesita un verdadero valor físico. Existen muchos peligros y dificultades en el Camino que de ninguna manera son simbólicos, ni están sólo en los planos superiores; nos enfrentamos a pruebas de valor y resistencia a

medida que progresamos, y debemos estar preparados para ellos.

25. El fuego quema nuestros dedos y la acción de nuestro corazón impide que corramos por las laderas de las montañas; pero sólo los dioses han vetado las aventuras de nuestra mente.

26. La cuarta joya es la Resistencia, ese fuerte poder que puede soportar sin darse por vencido, que puede enfrentarse a todo en la búsqueda de la verdad, y nunca retrocede a causa de las dificultades o los peligros.

27. Cuantas más decisiones te veas forzado a tomar por ti mismo, más estarás consciente de tu libertad de decisión. Estoy seguro de que sólo cuando tenemos responsabilidad se puede decir que estamos conscientes de nuestra mente.

28. No estás solo; los siglos luchan por ti; la eternidad es tu aliado; estás bajo la protección del Ser Único que te abraza con amor y no permitirá que te vayas.

29. Formamos un hábito de conquista que es tan insistente como cualquier otro hábito. En cierta medida, la victoria se convierte en un estado

mental. Sabiendo que somos superiores a las ansiedades, las dificultades y las preocupaciones que nos obsesionan, seremos superiores a ellas. Todo depende de la actitud con que las confrontemos.

30. ... Si el pesar que **rehuyes llega** a ti, recuerda que la mano del amor lo ha permitido, y que al soportar ese pesar con valentía, estás propiciando tu propia liberación.

31. Para vivir con inteligencia, el hombre debe tener vigor espiritual, se le podría llamar valor y voluntad para aceptar cualquier estado al que tenga que enfrentarse, y esto es lo único que hará posible que viva sin cargas, que sea un hombre libre en el verdadero sentido de la palabra.

Agosto

Humildad

1. La humildad indica la proximidad de la grandeza, el suceso cercano de vaciar las aguas de uno mismo en el océano al que pertenecen.

2. No te limites escrupulosamente a reglas fijas o a formas particulares de devoción, en lugar de eso, actúa con fe en Dios, con amor y humildad.

3. La humildad es tranquilidad perfecta del corazón. Significa que no voy a agitarme, molestarme, irritarme, ofenderme o desilusionarme. Significa que estaré tranquilo cuando nadie me alabe, cuando se me culpe o se me desprecie. Significa tener un hogar bendito en el Señor, donde pueda yo ir y cerrar la puerta, arrodillarme y hablar con mi Padre en secreto, y donde esté yo en paz, como en un mar profundo de calma, aunque todo lo que me rodea esté atribulado.

4. El corazón veraz lleva siempre el velo de la modestia.... siempre puedes ver los contornos dorados y por esa razón sabes que está brillando y ardiendo con una flama pura y continua.

5. Qué te pide el Señor, sino que actúes con justicia, que ames la misericordia y que camines con tu Dios con humildad.

6. Se profundamente humilde y te apoyarás en el fundamento de la paz.

7. El poeta más sabio conserva algo de la visión de un niño. Aunque tal vez piense mil cosas que un niño no podría entender, siempre es un principiante que está cerca de los significados originales de la vida.

8. Nadie es humilde, excepto en la fe. La máscara de la debilidad o del fariseísmo no es el rostro desnudo de la humildad. Y nadie es orgulloso, excepto en la fe. La vanidad que muestran en toda su variedad las personas que no están maduras espiritualmente, no es orgullo. Ser, en la fe, tanto humilde como orgulloso, equivale a vivir, a saber que en Dios uno no es nada, pero que Dios está en uno.

9. Donde hay caridad y sabiduría, no hay miedo ni ignorancia. Donde hay paciencia y humildad, no hay enojo ni molestia.

10. Camino ante Dios con fe sencilla, con humildad y con amor, y me aplico con diligencia a no hacer nada ni pensar nada que pueda desagradarle. Espero que cuando yo haya hecho lo que puedo hacer, Él hará conmigo lo que le plazca.

11. La humildad no es una mera conciencia de nuestra pequeñez, que podría simplemente ser una sensación de desilusión por no ser tan importantes como quisiéramos, y tampoco es desprecio de nosotros mismos. Más bien es la erradicación de todo egoísmo, para llegar a ser personas dulces y hermosas, a tener una apertura de mente y de corazón, y a sentir un muy profundo respeto por los demás, sin importar quienes sean, basándonos en el reconocimiento de lo Divino que hay en ellos.

12. La humildad es esa dulce raíz enterrada de donde brotan todas las virtudes celestiales.

13. El que se exalta será humillado y el que se humilla será exaltado.

14. Nada te sostendrá con tanta fuerza como el poder para reconocer en lo que tal vez consideras rutinario, la verdadera poesía de la vida; la poesía del hombre común y ordinario, de la mujer sencilla y trabajadora, con sus amores y sus alegrías, sus penas y sus pesares.

15. La verdadera humildad es la virtud más sublime, la madre de todas las virtudes.

16. Es un error pensar que un servicio humilde no es importante. Lo más importante es la actitud de quien presta ese servicio.

17. Humildad es evaluarse correctamente. El que alguien tenga un concepto menor de sí mismo del que debería tener, no es humildad, aunque el hacerlo en cierta forma lo confunda.

18. Para alcanzar la perfección, todos y cada uno debemos pasar por esa muerte que es renunciar a nosotros mismos. Y en lo que a esto respecta... nunca hay que encontrar el camino que lleva a quienes ya han pasado por ella.

19. La humildad no consiste en profesar o en lamentar nuestra insignificancia. *La voz del*

silencio dice: "Sé humilde si quieres alcanzar la sabiduría". La humildad es una cualidad necesaria, pues sin ella, no es posible que el hombre sea sabio en realidad.

20. La humildad es un sentido de reverencia ante los hijos del cielo; de todos los premios que puede alcanzar un hombre mortal, éstos son los más sabios, los mejores.

21. La única sabiduría que podemos esperar adquirir es la sabiduría de la humildad; la humildad es infinita.

22. Debes estar tan consciente de lo insignificante como lo estás de lo importante; no sólo busques sentimientos de importancia. Los humildes son humildes porque deben serlo; y los peores entre los hombres y las mujeres son los que practican la humildad por motivos de orgullo.

23. Cuanto más alto se nos sitúe, con mayor humildad debemos caminar.

24. Y si un cantante humilde seca una lágrima o consuela a un humilde corazón humano que está sufriendo, puedes estar seguro que sus

versos son agradables a Dios, y no ha cantado ningún verso en vano.

25. El orgullo de la copa está en el vino que contiene; su humildad está en el hecho de servirla. Entonces, ¿qué importan sus defectos?

26. El tumulto de los gritos cesa, los capitanes y los reyes se van; tu antiguo sacrificio está inmóvil, y un corazón contrito es humilde.

27. La humildad se considera una virtud fundamental en todas las religiones. No es un requisito de importancia secundaria, sino de importancia básica. Si una persona tiene la cualidad de ser humilde, y al mismo tiempo está alerta, esa combinación producirá en ella el temperamento correcto.

28. La humildad es abatimiento del corazón ante Aquel que conoce lo que es invisible. La perfección del recuerdo de Dios es contemplación, y la perfección de la humildad es estar complacido con Dios.

29. La humildad ante la flor que está en la arboleda es la puerta que da acceso al camino que lleva al valle.

30. La humildad es la más difícil de adquirir de todas las virtudes; nada muere con más dificultad que el deseo de pensar bien de uno mismo.

31. La verdadera humildad se convierte en la fuente de nuestra sabiduría; cuando más sabe un hombre, más se da cuenta de lo poco que sabe, y más sabio y más humilde es.

Septiembre

El arte de vivir

1. Cualquiera que se disponga a dominar el arte de vivir... indudablemente descubrirá lo difícil que es... Las preguntas vitales que debemos plantearnos en cada situación son: ¿Cuál debería ser la naturaleza de nuestro enfoque hacia ella? ¿Cuál la naturaleza de nuestros pensamientos y sentimientos en ella? ¿Qué acción debemos llevar a cabo? En la masa de circunstancias que nos acosan a diestra y siniestra, ¿cuál es la dirección del verdadero progreso?

2. En primer lugar, en la vida, las grandes decisiones deben ser decisiones correctas, y las elecciones de la vida deben ser elecciones sabias. En segundo lugar, debemos estar preparados y dispuestos a pagar todo el precio, que incluye cansancio, desilusión, oposición, y de ser necesario, derrota, con el fin de responder

al propósito al que se dedica la vida. En tercer lugar, como este tipo de demandas sobrepasan los poderes naturales de la carne y la sangre en sí, debemos aprender el arte y establecer el hábito de abrir las reservas celestiales de sabiduría y fuerza que se ofrecen generosamente a quienes tienen fe y a las que el ser humano puede recurrir cuando necesita ayuda.

3. Las cuerdas de nuestra vida diaria son pocas, pero con ellas podemos crear una melodía ilimitada.

4. El arte de la vida integrada consta de un espíritu de cooperación inteligente entre la naturaleza y el espíritu. La naturaleza, sin el espíritu, es ciega; el espíritu, sin la naturaleza, está cojo... la naturaleza y el espíritu, en virtud de su unión intencional, pueden hacer que la vida sea gloriosamente significativa.

5. Todo lo que *existe* es una oportunidad de aprendizaje, o de crecimiento, para los ojos que son capaces de percibir y el corazón que es capaz de comprender; y cuando te das cuenta de que el sufrimiento y el dolor son dos de los medios

con que contamos para crecer, tendrás paz en el corazón y tranquilidad en la mente.

6. Después de esforzarte al máximo, decide; y cuando hayas decidido, actúa; pues has hecho todo lo que puedes hacer. Luego observa los resultados; ve cuál es el resultado de tu decisión; y a través de ese resultado descubrirás si juzgaste correcta o incorrectamente. Si juzgaste incorrectamente, no lo lamentes. Hiciste tu máximo esfuerzo, y al cometer ese error tuviste una nueva experiencia que te ayudará en el futuro.

7. "Vivir" no significa que vamos a disfrutar el mundo hasta haber agotado toda pasión, más bien significa que estamos al timón y sabemos que somos dueños de nuestro destino, no sus esclavos; que somos dueños de nuestras alegrías y de nuestras penas. Pues siempre que hay una alegría también habrá una pena. Depende de nosotros y está en nuestro interior. Sólo tenemos que encontrar el camino.

8. No puedes tener aquello de lo que no estás dispuesto a desprenderte. No puedes ser libre de aquello a lo que te aferras. Aferrarse a algo

significa que uno pertenece a eso. Lo que dejas libre te pertenece. Tú no le perteneces, pues perteneces al amor... Pertenecer al amor equivale a tener vida y tenerla en abundancia, porque entonces la vida te pertenece.

9. La primera creación en el proceso de la realización personal, que es el descubrimiento de la Verdad oculta, es la creación o recreación de nosotros mismos como recipientes de la Verdad. "Nosotros mismos" significa nuestra vida, cada uno de nuestros pensamientos y acciones. Debemos moldear todo y cada una de sus partes de tal manera quc estén cada vez más cerca de la meta de nuestras aspiraciones. Y esto es una obra de arte, el mayor arte de todos los que existen.

10. Sólo la vida que se vive por otros vale la pena. El hombre que considera que su propia vida y la de sus semejantes no tiene sentido, no sólo es desdichado, sino que difícilmente es apto para la vida. Trata de no convertirte en un hombre de éxito, en lugar de eso trata de convertirte en un hombre de valor.

11. Sentémonos tranquilamente y comprendamos que ningún suceso de la vida es injusto, sino que desde algún lugar de nuestro largo pasado, un antiguo "pecado" nos desenmascaró; que cada suceso remedia algo, que tiene un mensaje, una lección para nosotros.

12. Lo cierto es que no podemos organizar nuestra vida sabiamente a menos que conozcamos el significado de la vida; seguiremos buscando nuestra riqueza donde no hay riqueza, gastando nuestras energías donde sólo hacen daño, olvidando al mismo tiempo la sabiduría de esta frase de Ruskin: "la única riqueza es la vida".

13. Finalmente, hermanos, si hay alguna virtud y alguna alabanza, piensen en lo que es verdadero, lo que es honesto, lo que es justo, lo que es puro, lo que es hermoso, lo que es bueno.

14. El pensamiento correcto no brota de la práctica correcta; sino que la práctica correcta brota del pensamiento correcto. Lo que piensas es de suma importancia. Si piensas falsamente, actuarás en forma errónea; si piensas con bajeza, tu conducta se adecuará a tu pensamiento.

15. Si el hombre habla mucho de las Enseñanzas, pero no actúa de acuerdo a ellas, se parece al vaquero que sólo cuenta las vacas ajenas. No es discípulo del Bendito. Si un hombre habla poco sobre las Enseñanzas pero pone en práctica sus preceptos, renunciando a los apetitos, a los odios y al engaño, si posee el conocimiento correcto, tiene libertad mental y no se aferra a nada en este o en el otro mundo, es discípulo del Bendito.
16. Tomar tu cruz significa cargar con cualquier cosa que ves que se te da para que la cargues, tan bien y tan valientemente como puedas, sin fruncir el ceño ni llamar a la gente para que venga a verte. Lo único que tienes que hacer es mantenerte erguido y no pensar en esa carga; ante todo no te jactes de lo que hay en ella.
17. Vive cada momento como si estuvieras construyendo un templo.
18. Tú esculpes tu propio destino; tú haces de ti lo que eres; lo que eres es precisamente lo que forjaste en tus vidas pasadas para serlo ahora; y ahora estás forjando lo que serás en el futuro.
19. Uno no puede vencer al mal que hay en él si lo resiste, sino... transmutando sus energías a otras

formas. La energía que se expresa como mal es la misma energía que se expresa como bien; y por eso una se puede transmutar y convertirse en la otra.

20. En el curso ordinario de nuestra vida podemos observar que el desarrollo espiritual no consiste tanto en la *solución* de nuestros problemas, sino en crecer y *superarlos*.

21. A todo hombre le llega el momento en que debe enfrentarse a sí mismo... Aprender el arte de confrontarse a uno mismo antes de que sea demasiado tarde, y hacerlo todos los días, es descubrir una fuente de fortaleza que es maravillosa en la medida en que sea accesible.

22. La vida es en realidad una educación, y esta palabra no significa introducir o embutir en la cabeza de un niño cosas que antes no estaban ahí, sino "sacar" y hacer que se exprese el poder latente que aún no se ha desarrollado.

23. Debes aprender a distinguir en todo lo que te rodea, y en todos los que te rodean, los elementos permanentes y los que no son permanentes, entre lo superficial y el contenido, por así decirlo, entre lo eterno y lo transitorio.

24. La razón no es una finalidad en sí, sino un instrumento que el individuo debe usar para ajustarse a los valores y propósitos del vivir que superan a la razón. Así como los dientes se diseñaron para morder algo, y no para morderse a sí mismos, la mente está diseñada para pensar con ella, no como algo por lo cual preocuparse. Es un instrumento para vivir, no algo para lo cual vivir.

25. Una cosa es cierta: la inconciencia o el deseo de permanecer inconsciente, de escapar al llamado a desarrollarnos y evadir la aventura de la vida, es pecado. Pues aunque envejecer es el destino ineludible de todas las criaturas, envejecer en forma significativa es una tarea que sólo le corresponde al hombre.

26. Dios no muere el día en que decidimos dejar de creer en una deidad personal, pero nosotros morimos en día en que nuestras vidas dejan de estar iluminadas por el resplandor continuo y que se renueva día tras día, de una maravilla cuya fuente sobrepasa toda razón.

27. El misterio de la vida como un estado de ser en la tierra, nunca podrá resolverse mientras se estudie separado y aparte de la Vida Universal.

28. El equilibrio y la madurez emocionales son ingredientes esenciales del desarrollo personal. Con este fin, uno debe conocerse íntimamente. Debe estar consciente de los impulsos y deseos fundamentales de su naturaleza y responder a ellos de manera inteligente y organizada. Uno debe aprender a relacionarse con los demás en forma significativa.

29. Cada individuo debe seguir el camino de la realización personal, pues sólo el conocimiento que se gana con la experiencia tiene un valor vivo y que da vida.

30. Existe una manera de vivir con tal vitalidad, frescura, originalidad, espontaneidad y dinamismo, que la vida llega a ser una transformación, un perpetuo estado de alegría, un éxtasis nato que nada es capaz de quitárnoslo.

Octubre

Armonía

1. Debe haber armonía, no sólo la clase de orden que garantiza la estabilidad por mantener unidos los elementos individuales dispersos. La armonía es una extraña realidad subjetiva de creación que sólo puede sentirse o experimentarse. Es el fundamento de la belleza.
2. Todo dolor o sufrimiento es el resultado de falta de Armonía, y la única causa terrible de que se perturbe la Armonía es una u otra forma de egoísmo.
3. Yo no sé lo que es el amor. Capto ejemplos de su funcionalidad. Sé que tiene utilidad práctica, al igual que una gloria espiritual. Sé que nunca deja de cambiar lo que toca. Hace brotar orden del desorden, armonía del caos.
4. Cada persona es un tema en la Armonía Divina, aunque estemos en diferentes etapas del desenvolvimiento de ese tema.

5. Cuando el corazón está lleno de bondad y no busca lastimar a otros con sus acciones, pensamientos o deseos, ese amor pleno crea una atmósfera de armonía, cuyo poder benigno toca y sana a todos los que reciben su influencia. El hecho de que la paz del corazón irradie paz a otros corazones, es más cierto que el hecho de que las contiendas engendren contiendas.
6. Yoga literalmente significa unión; significa armonía con la Ley Divina, llegar a ser uno con la vida divina renunciando a todas las energías que fluyen hacia fuera. Para llegar a esto, se debe alcanzar equilibrio, de manera que la personalidad... no se vea afectada por el placer, el dolor, el deseo o la aversión.
7. La armonía más perfecta es en realidad una unidad absoluta en la que las acciones de cada parte están tan unidas con las de todas las demás, que el efecto total es sencillo y es único, como un acorde perfecto.
8. Estar en armonía con el principio de la vida y con el principio de la conquista equivale a estar en armonía con el poder; y estar en armonía con el poder equivale a ser fuerte como algo natural.

9. Cuando un hombre actúa con armonía, actúa de acuerdo con el plan y la ley del universo; y la armonía de la conciencia y el pensamiento, y por consiguiente, la armonía de la acción, es lo que los hombres entienden como ética, la cual se basa en la armonía estructural del Universo.

10. En donde hay vida, está presente el proceso de construir; se juntan diversos elementos y se forman relaciones entre ellos que los transforman en un todo viviente, donde son capaces de operar en armonía.

11. La nota musical "la natural" es insignificante en sí. Pero cuando el "la natural" se combina en cierta forma con algunas otras notas, se convierte en parte esencial del "Himno a la Alegría" de la Sinfonía Coral de Beethoven. Es posible que el momento de la existencia del mundo del que estamos conscientes durante una vida humana sea una parte esencial de un todo musical que aún no se ha desenvuelto.

12. Nuestros principios son la Lira de Siete Cuerdas de Apolo. De hecho, el ocultista que sabe cómo tensarlas y afinar su violín en armonía con las

vibraciones de color y de sonido, hará brotar de ellas una armonía divina.

13. La paz que brota de cada modalidad de la vida y acción de una persona, y no se convierte en algo aburrido, no es estática; no es como las aguas estancadas que no tienen medios para limpiarse. Más bien es un sentimiento profundo que brota del interior y penetra todo su ser, en medio de movimientos tan armonizados que no existe una interrupción en la armonía y en la unidad de ese ser.

14. La belleza de estilo, la armonía, la gracia y el buen ritmo dependen de la sencillez.

15. Como el Alma siente que se está fortaleciendo tanto que será imposible sacudirla, y al mismo tiempo siente todas las emociones que vienen de fuera, tiene un sentido de una vida más amplia, de una armonía más plena, de una conciencia que se incrementa continuamente, de una unidad cada vez mayor con aquello de lo que es parte.

16. La armonía es la ley de la vida, la discordia es su sombra y de ella brota el sufrimiento, que es el maestro, el que despierta a la conciencia.

17. La armonía perfecta es equilibrio perfecto, y el verdadero aspirante es aquel que equilibra las cualidades necesarias en sí mismo, es aquel en quien no existe el desequilibrio de una exageración, aquel que no se aleja de los principios esenciales.

18. ... el corazón mismo de la Naturaleza es armonía, y el material con que está hecho el universo y su estructura misma, es coordinación y cooperación, es unión espiritual.

19. A través de la alegría y la tristeza, del dolor y del placer, el alma llega al conocimiento de sí misma; entonces empieza la tarea de aprender las leyes de la vida, para así poder resolver las discordias y restaurar la armonía.

20. La conciencia que está totalmente abierta a cualquier forma de armonía, sea en el sonido, el color, el pensamiento o en cualquier otra cosa, se unifica y se integra; se carga con la cualidad que impregna esa forma de armonía.

21. La verdad es armonía. Es ese todo unificado de la existencia en donde todas las contradicciones aparentes se reconcilian. También es esa visión

coherente de la existencia donde se armonizan todos los puntos de vista fragmentarios.

22. Por lo tanto, la moderación es el principio fundamental... es lo que armoniza a todos los elementos que constituyen al hombre, hasta que vibren en perfecta armonía con el Único, con la Personalidad Suprema.

23. El empeño de la Naturaleza, a través del hombre, y del hombre a medida que descubre su identidad con ella, es crear un orden de armonía y belleza con el material que llega a la vida del hombre y que está diseñado para que el hombre lo use.

24. Toda Acción, en todos los planos, produce disturbios en la armonía equilibrada del Universo... la armonía sólo puede restaurarse volviendo a convergir *en el mismo punto* de las fuerzas que se pusieron en movimiento a causa de esa acción.

25. La armonía está en el control de uno mismo. Une los dos polos de la existencia. Convierte todo lo opuesto en complementario. Es el medio para entregarnos a quienes nos rodean.

Constituye la esencia del Yoga, y transforma todo nuestro ser en un canal perfecto a través del cual pueda fluir todo aquello que somos en la Eternidad de modo que se manifieste en nuestro tiempo.

26. La medida plena de la felicidad sólo se puede lograr en la vida siguiendo la ley de la distribución equilibrada. La distribución equilibrada es un principio operante del concepto de la armonía. Vence todo tipo de extremismo y de exageraciones que se basan sólo en un punto de vista. Organiza los diversos impulsos de la personalidad transformándolos en un todo equilibrado.

27. Sólo observando la ley de la armonía se puede alcanzar la vida individual; y cuanto más se alejen el hombre interior y el hombre exterior de esta fuente de armonía cuya fuente está en nuestro espíritu divino, más difícil será recuperar terreno.

28. La armonía es unidad y diversidad.

29. La armonía que hay en el mundo físico y matemático de los sentidos, es *justicia* en el

mundo espiritual. La justicia produce armonía, y la injusticia discordia; y la discordia, en una escala cósmica, significa caos y aniquilación.

30. Por eso, en el vivir armonioso se deben tomar en cuenta los impulsos y aspiraciones fundamentales de la vida. Una vida bien vivida es energía vital que se distribuye inteligentemente entre los diversos impulsos de la vida.

31. Una armonía rítmica en uno mismo y una sensibilidad orientada al exterior es el fundamento del Yoga; aquí hay unión entre el que conoce y lo que conoce, en un estado de armonía que los comprende a ambos.

Noviembre

Comprensión

1. La primera Ley de la Comprensión es que por lo general todos tenemos las mismas esperanzas, penas, alegrías, dificultades y miedos. Nos espera el mismo Destino. Nos envuelve el mismo Amor. Nos educa la misma Justicia.

2. La segunda Ley de la Comprensión es que cada ser viviente, sea sobrehumano, humano o subhumano, está desarrollando su ser hasta lograr su perfección, a través de sus propias circunstancias individuales de personalidad, respecto a lo físico, lo emocional, lo mental y la conciencia superior; en relación a su fe, a su raza y a su entorno.

3. La tercera ley de la comprensión es que normalmente las diferencias, sin importar cuales sean, no implican superioridad ni inferioridad.

4. La cuarta ley de la comprensión es que la incomprensión retrasa el crecimiento, sea individual o colectivo, mientras que la comprensión lo acelera.

5. La quinta ley de la comprensión es que en todas partes está ocurriendo lo mejor que se tiene al alcance, y que si no está ocurriendo algo mejor, es porque el mundo todavía no es capaz de alcanzarlo.

6. La sexta ley de la comprensión es que lo mejor que se tiene al alcance sólo es un lugar de paso temporal, en el camino a algo mejor.

7. La séptima ley de la comprensión es que el Amor y la Justicia rigen al mundo y se expresan en las seis leyes anteriores.

8. No puede haber una acción correcta sin comprensión. La esencia de toda comprensión está en experimentar el ser mismo del objeto que se desea comprender.

9. La razón es débil cuando se le compara con su interminable tarea. Ciertamente es débil cuando se le compara con las locuras y las pasiones de

la humanidad, las cuales, debemos admitir, casi controlan por completo nuestro destino humano, en lo grande y en lo pequeño. Pero las obras de la Comprensión duran más que las generaciones ruidosas y alborotadas y esparcen luz y calor a lo largo de los siglos.

10. El hombre es un ser peculiar que trata de comprender por qué es único. Lo que trata de entender no es su naturaleza animal, sino su humanidad. No está buscando su origen, sino su destino.

11. El conocimiento se vuelve comprensión sólo cuando abarca el principio, la continuación y el final.

12. Seguramente creceríamos con mucha más rapidez si sólo pudiéramos comprender la vida. Si cerca de su ocaso, pudiéramos verla en retrospectiva y entender que hemos crecido en comprensión, en paciencia, en compasión y en tolerancia, veríamos que no hemos vivido en vano; pues estos son "tesoros en el cielo" que nos podemos llevar al pasar por la puerta de la muerte y volverlos a traer con nosotros al pasar por la puerta del siguiente nacimiento.

13. Para quien tiene percepción, una señal es suficiente. Para el que no quiere escuchar, mil explicaciones no son suficientes.
14. Aquel que comprenda los Valles, debe escalar las Colinas Eternas, donde los ojos del hombre exploran el Infinito. Pero aquel que desee usar la comprensión, debe descender a los Valles, donde el Pasado y el Presente se encuentran, y donde los hombres lo necesitan.
15. Sócrates dijo que hay que inducir y persuadir a la comprensión para que salga de us refugios ocultos dentro del alma... Nunca liberaremos al hombre imponiéndole nuestras opiniones, aunque esas opiniones sean verdaderas. Debemos seducir a la conciencia renuente para que revele sus propósitos, y así guiar a la criatura a una condición de suficiencia.
16. Hay belleza en la comprensión, y la comprensión sólo brota de un corazón comprensivo, aunque esto parezca una paradoja cuando se escucha por primera vez. El corazón comprensivo es el que tiene visión.
17. Comprenderás algo de las maravillas y misterios del universo cuando sepas que las cosas que

parecen malas desde el punto de vista de la forma, son buenas desde el punto de vista de la vida; todo lo que sucede opera para lo mejor.

18. En cada hombre hay una chispa que es capaz de encender fuegos nuevos de progreso humano, la nueva luz del espíritu humano... Cuando estén ardiendo suficientes de estos fuegos, crearán un nuevo amanecer de comprensión espiritual; se formará la flama de un gran pueblo.

19. Comprendo a las colinas en el anochecer, cuando el resplandor del horizonte llena sus huecos y los grandes vientos les permiten ser. Están tranquilas y dirigen su mirada hacia mí.

20. Aquel que quiera tener comprensión debe buscar donde otros no buscan, o donde tal vez no se dignan buscar. Debe encontrar donde otros no han encontrado. Debe explorar donde otros han explorado en vano.

21. Los ojos de la comprensión son como los ojos de los sentidos; pues así como se pueden ver objetos de gran tamaño a través de pequeñas grietas u orificios, también se pueden ver grandes axiomas de la naturaleza a través de incidentes pequeños y despreciables.

22. ... es significativo que la actitud espiritual del budismo considere que la comprensión correcta es el primer paso en el camino de la liberación, y que sin él ni la moralidad ni la concentración pueden tener ningún valor.

23. Encenderé en tu corazón una vela de comprensión que nada sea capaz de apagar.

24. Debe haber comprensión al igual que sentimiento. Ambos son necesarios. Cuando estos dos elementos están unidos y cooperando con armonía, tenemos a un Sabio, a un Vidente.

25. Me siento en deuda con cualquier persona dc cuya comprensión iluminada brote un rayo de conocimiento que se comunique con mi comprensión. De hecho, informar a la mente equivale a corregir y engrandecer el corazón.

26. Salih de Qazwin enseñó a sus discípulos que "a quien continuamente llama a la puerta, se le abrirá". Al escucharlo un día, Rabia dijo: "¿Durante cuánto tiempo vas a decir que se le abrirá? La puerta nunca ha estado cerrada".

27. En lo que se refiere al conocimiento de mí mismo, soy lo que trato de saber... La compren-

sión del hombre brota del conocimiento de sí mismo, y uno nunca puede mantenerse alejado de su propia personalidad.

28. Otra facultad espiritual es la Comprensión que ha despertado: es la facultad que hace posible que distingas los pensamientos entre sí, las cosas entre sí... La comprensión tiene la naturaleza misma del Corazón del Universo.

29. Cuando comprendes la vida, se vuelve soportable; y mientras no llegues a comprenderla, será una carga pesada; pero cuando la comprendes, todo cambia.

30. Al paso del tiempo, y siguiendo el sendero interno del conocimiento propio, crecerás tanto en comprensión y en visión interior, que tus ojos captarán tal extensión de luz interna, que te revelará los misterios más tremendos del universo sin límites, porque son los más santos y los más hermosos.

Diciembre

Felicidad

1. El problema no es un problema de felicidad, que es un derecho nato de todos. Todo mundo cree que tiene derecho a la felicidad. Cuando hay dolor, sólo cuestionan por qué debe existir ese dolor. El problema es un problema de tristeza y de sufrimiento, como hace mucho lo expresó el Señor Buda en su sabiduría. La tristeza y el sufrimiento son la negación de la vida, por la limitación que le imponen.

2. El corazón humano está en lo correcto cuando obedece al instinto que lo impulsa a tratar de conseguir la felicidad... No se comprende su valor hasta que llega al nivel en que se reconoce lo que le sirve de fundamento.

3. El secreto de la felicidad humana en este mundo es vivir siempre en armonía con el canto de la Vida, mantener la personalidad externa de acción, de corazón, de mente y de motivos

siempre en armonía con la Personalidad Interior, que siempre está unida con la Personalidad Suprema, el Señor de Todos.

4. Cada uno de los cientos de millones de seres humanos está buscando la felicidad de una u otra forma. Ninguno de ellos es totalmente noble, totalmente confiable o totalmente coherente. Y ninguno es completamente malo. Ninguno de ellos podría decir que nunca ha llorado.

5. Mediante una verdadera aceptación, el discípulo se vuelve uno en espíritu con el Alma que lo rige todo; y como la naturaleza propia del Alma es existencia, felicidad y beatitud, el discípulo alcanza una felicidad suprema.

6. La felicidad es un rayo de sol que puede pasar a través de mil flores sin perder una partícula de su refulgencia original; por el contrario, cuando llega a un corazón afín, se refleja con una brillantez doble, como luz que converge en un espejo. Sólo se perfecciona cuando se comparte.

7. El problema de la felicidad es... el problema más esquivo de la vida, pero después de decir y hacer todo respecto a la cultura y el progreso, resolver

la felicidad debe seguir siendo la preocupación primordial de la mayor sabiduría humana.

8. Nadie puede *dar* felicidad a otro; las personas pueden crearla juntas. La felicidad verdadera en una relación sólo puede persistir mientras las personas involucradas en esa relación sigan siendo canales creativos para la vida.

9. El estado más alto de felicidad es aquel en que la conciencia es universal, libre como el aire, y puede identificarse con cada movimiento que pasa, el vuelo de un ave, el temblor de una hoja, el trabajo de una hormiga, las sonrisas y lágrimas de otros seres humanos, todo en un instante.

10. Nos acercaremos más a encontrar la felicidad y la estabilidad si no pensamos en nuestra vida espiritual y en nuestra vida práctica como factores que existen sin conexión alguna. Estos dos campos, el práctico y el espiritual, son salas que se comunican entre sí en la casa de la vida. La puerta que las comunica debe permanecer abierta.

11. Lo cierto... es que si un hombre entra en armonía con la ley divina, el resultado de esa armonía es la felicidad. El error es identificar el éxito

mundano con la felicidad, y no tener en cuenta el elemento tiempo.

12. Cuanto más progresa el hombre, más radiante y alegre estará su conciencia. De hecho, se podría considerar que la felicidad es una característica del progreso. A medida que se desarrolla, se vuelve cada vez más sublime, hasta que alcanza esa serenidad que irradia del rostro del Iluminado con esa sonrisa sutil en que se mezclan la sabiduría, la compasión y el amor que lo abrasa todo.
13. La felicidad es plenitud de vida. La vida es conciencia y existe en todos los niveles: mental, emocional y físico. La plenitud implica, por tanto, plenitud de realización de todos los ideales, la verdad, la belleza y la bondad, y la armonía entre el pensamiento y la acción.
14. ... elegimos la felicidad por sí misma, y nunca con un punto de vista que abarque algo más; pero elegimos el honor, el placer, el intelecto... porque creemos que a través de ellos alcanzaremos la felicidad.
15. Si tú estás lleno de felicidad, esa alegría radiante se derrama sobre todos los que se te acercan, y te conviertes en un verdadero sol.

16. Sólo cuando vivimos renunciando a nosotros mismos, con una absoluta entrega, sin ningún elemento de inhibición, sin urgencias, sin obstrucciones, sabremos lo que significa la libertad, y así experimentaremos la felicidad más verdadera.

17. No puede haber felicidad duradera sin un crecimiento equilibrado. La alegría duradera de la realización sólo puede brotar de la integración de nuestra personalidad total... La verdadera felicidad es una función de la totalidad de nuestra naturaleza de deseo organizada como un todo coherente.

18. El hombre necio busca la felicidad en la distancia; el hombre sabio la cultiva bajo sus pies.

19. La felicidad que brota de una gran preocupación por nuestros placeres limitados sería una felicidad de muy poca calidad. Sólo podemos tener la felicidad más alta, la que va de acuerdo con la verdadera grandeza, si tenemos pensamientos vastos y un gran sentimiento por el resto del mundo, al igual que por nosotros mismos; esta es la clase de felicidad que a menudo trae consigo tanto dolor que sólo podemos distinguirla del dolor porque es lo que elegiríamos

por sobre todas las cosas, pues nuestra alma considera que es buena.

20. No es necesario buscar o perseguir a la felicidad; es la libre expresión de la vida, que en el caso del hombre sólo es posible cuando la actividad de su naturaleza y de su mente no está condicionada por su propio pasado.

21. Busquemos la felicidad en otros; pero para nosotros, busquemos la perfección, ya sea que traiga consigo felicidad o dolor. Para alcanzar la perfección en ti mismo y en otros, "actúa de tal manera que trates a la humanidad, ya sea en tu persona o en la de otros, siempre como un fin, nunca como un medio".

22. Vivimos muy felices, ¡sin odiar a quienes nos odian!
Vivimos muy felices, ¡libres de codicia entre los codiciosos!
Vivimos muy felices, ¡aunque no consideramos que algo sea nuestro!
Aquel que ha renunciado tanto a la victoria como a la derrota, el conforme, es feliz.

23. Son felices quienes descubren su acorde en la Gran Sinfonía [de la vida] y siempre tratan de

tocarlo, de vivirlo, de cantarlo en armonía con el modelo Arquetípico, el plan de vida y la forma del universo del que son parte.

24. La felicidad de este mundo, cuando llega, lo hace incidentalmente. Si haces de ella el objeto de tu búsqueda, te llevará a una carrera sin fin y nunca la lograrás. Si sigues otro objetivo, es muy posible que descubras que has atrapado a la felicidad sin soñar con ella.

25. El anhelo de Felicidad, cuyas raíces son profundas, y que existe en toda criatura viviente, la impulsa a ponerse finalmente en armonía con la ley, es decir, que actúe Correctamente, que se niegue a actuar Mal.

26. Esta es la verdadera alegría de la vida: utilizarla con un propósito que reconoces como algo poderoso, agotarla por completo antes de lanzarla al montón de los desperdicios; ser una fuerza de la naturaleza en lugar de una masa egoísta de enfermedades y quejas.

27. Sólo existe un camino hacia la tranquilidad de la mente y la felicidad: no considerar que las cosas externas te pertenecen, sino entregarlas a

Dios. Por lo tanto, siempre conserva esta idea cerca de ti; cuando despiertes en la mañana, a lo largo del día y cuando sea hora de dormir.

28. Quienes nunca han reprimido un impulso obedeciendo un principio, hablan en vano de la felicidad. Los que nunca sacrifican el presente en aras de un bien futuro, ni algo personal por algo general, sólo pueden hablar de felicidad como los ciegos hablan de los colores.

29. Así como no tenemos derecho a consumir la riqueza que no hemos producido, tampoco tenemos derecho a consumir la felicidad que no hemos producido.

30. La felicidad de la vida se compone de fracciones diminutas; las pequeñas acciones caritativas que pronto se olvidan, como un beso o una sonrisa, una mirada bondadosa o un cumplido dado de corazón, y las incontables pequeñeces de los sentimientos de placer y genialidad.

31. La felicidad es una copa pura y simple que carece de excitación y de narcóticos, del veneno de una sed recurrente, al igual que del olvido de la indiferencia hacia los demás, una copa que siempre está llena.

Obras de donde se tomaron las meditaciones

Enero

1. N. Sri Ram, *Pensamientos para aspirantes.*
2. Antionette K. Gordon, *Cien mil cantos de Milarepa.*
3. Kahlil Gibran, *El profeta.*
4. Bradford Smith, *Meditación: el arte interior.*
5. Joy Mills, *"La carga de la libertad", El teosofista americano.*
6. Arthur W. Osborn, "¿Libertad de qué? *Ibid.*
7. Will Durant (sobre Kant), *La historia de la filosofía.*
8. George S. Arundale, *Libertad y amistad.*
9. Geoffrey Farthing, "El cautiverio de ser", *El teosofista americano.*

10. Lawrence J. Bendit, "Evolución hacia la libertad", *ibid.*
11. Sri Madhava Ashish, "El cautiverio como libertad", *ibid.*
12. Clarense R. Pedersen, "Las cadenas del vivir", *ibid.*
13. Charles Johnston, tr., *La joya del penacho de la sabiduría* (Shankaracharya).
14. James S. Perkins, "Dimensiones de Libertad", *El teosofista americano.*
15. George E. Linton, "Antiguas fuentes de inspiración". *Ibid.*
16. N. Sri Ram, *En la atalaya.*
17. Mills, "Libertd" *El teosofista americano.*
18. Sir Henry Jones, *Una fe que inquiere.*
19. I. K. Tamini, "Libertad; real e irreal", *El teosofista americano.*
20. Virginia Hanson, "Libertad y conocimiento propio", *ibid.*
21. Osborn, "Libertad", *ibid.*
22. Perkins, "Dimensiones", *ibid.*
23. Sri Ram, *Pensamientos.*

24. Jones, *Fe*.
25. Mills, "Libertad", *El teosofista americano*.
26. Pedersen, "Cadenas". *Ibid.*
27. Sri Ram, *Atalaya*.
28. Taimni, "Libertad", *El teosofista americano*.
29. Ashish, "Cautiverio". *Ibid.*
30. Sri Ram, *Buscando la sabiduría*.
31. Elsie Morgan, *Tu propio camino*.

Febrero

1. H. P. Blavatsky, *La voz del silencio*.
2. N. Sri Ram, *Pensamientos para aspirantes*.
3. Joshua Loth Liebman, *Paz mental*.
4. Bert Finck, *Meditaciones en el vestíbulo*.
5. Henry Alonzo Myers, *¿Son iguales los hombres?*
6. Marcus Aurelius, *Meditaciones*.
7. C. Jinarajadasa, *La visión divina*.
8. Lam. 3:22.23.
9. George S. Arundale, *Dioses en formación*.
10. G. de Purucker, *Preceptos de oro*.

11. Clara Codd, *La sabiduría inmortal de la vida.*
12. Codd, *ibid.*
13. Charles Herny Mackintosh, *Miré la vida.*
14. Purucker, *Preceptos.*
15. Thomas Wolfe, *La red y la roca.*
16. Purucker, *Preceptos.*
17. Abraham Heschel, *¿Quién es el hombre?*
18. Henry Steel Olcott, *Viejas hojas del diario, I.*
19. Purucker, *Preceptos.*
20. Annie Besant, *Doctrina del corazón.*
21. Antoinette K. Gordon tr., *Cien mil cantos de Milarepa.*
22. Purucker, *Preceptos.*
23. *Ibid.*
24. Nicholas Caussin.
25. A. T. Barker, ed., *Las cartas de Mahatma a A. P. Sinnett.*
26. Purucker, *Preceptos.*
27. Heschel, *El hombre.*
28. Blavatsky, *Voz.*
29. *Jubileo.*

Marzo

1. Gardner Murphy, *Principales corrientes de pensamiento moderno.*
2. Sir Isaac Newton, Brewster, *Memorias de Newton.*
3. J. J. Van der Leeuw, *La conquista de la ilusión.*
4. Paul Brunton, *La sabiduría del ser superior.*
5. N. Sri Ram, *El interés humano.*
6. G. de Purucker, *Preceptos de oro.*
7. Virginia Hanson, "Libertad y conocimiento propio", *El teosofista americano.*
8. Clara Codd, *La sabiduría inmortal de la vida.*
9. F. W. Ruckstull, *Grandes obras de arte.*
10. Sri Aurobindo, *Fundamentos de yoga.*
11. N. Sri Ram, *Un enfoque a la realidad.*
12. Basil King, *La conquista del miedo.*
13. Indries Shah, *El camino del Sufi.*
14. William James, *Conferencias.*
15. Sir Henry Jones, *Una fe que inquiere.*
16. Francis Bacon, *"Sobre la verdad", Ensayos.*
17. Hans-Ulrich Rieker, *El secreto de la meditación.*

18. Will Durant, *La historia de la filosofía.*
19. C. G. Jung, "La psicología de la transferencia", *La práctica de la psicoterapia.*
20. Van der Leeuw, *Conquista.*
21. Sri Ram, *Enfoque.*
22. Rieker, *Meditación.*
23. Sri Ram, *Humano.*
24. Sri Aurobindo, *Fundamentos de yoga.*
25. Van der Leeuw, *Conquista.*
26. Sri Ram, *Enfoque.*
27. Thomas Carlyle, *Los héroes y el culto a los héroes.*
28. Sri Ram, *Enfoque.*
29. Brunton, *El camino secreto.*
30. Sri Ram, *Enfoque.*
31. Sri Ram, *Sabiduría que habla.*

Abril

1. N. Sri Ram, *Pensamientos para aspirantes.*
2. Paramahansa Yogananda, *Meditaciones metafísicas.*

3. Duchesne-Guillemin, *Los himnos de Zaratustra.*
4. Pendle Hill & Harper, *La nube del desconocimiento.*
5. Josephine Ransom, *La realización personal a través del yoga y el misticismo.*
6. N. Sri Ram, *El interés humano.*
7. Annie Besant, *El Bhagavad Gita.*
8. Brother Lawrence, *La práctica de la presencia de Dios.*
9. Pendle Hill & Harper, *Desconocimiento.*
10. Annie Besant, *El gobierno interno del mundo.*
11. Yogananda, *Meditaciones.*
12. C. Jinaradasa, *Principios básicos de teosofía.*
13. Sri Ram, *Humano.*
14. C. W. Leadbeater, *Los maestros del camino.*
15. Lev. 27:28.
16. Besant, tr., *Gita.*
17. Aurobindo, *Yoga.*
18. Sri Ram, *Humano.*
19. Mateo, 22:34-40.
20. Annie Besant, *Leyes de la vida superior.*

21. Autor desconocido, *La sabiduría eterna.*
22. A. J. Arberruy, *Sufismo.*
23. Annie Besant, *Gita.*
24. Lawrence, *Práctica.*
25. Sri Ram, *Humano.*
26. Pendle Hill & Harper, *Desconocimiento.*
27. Duchesne-Guillemin, *Himnos.*
28. Lawrence, *Práctica.*
29. Besant, *Gita.*
30. Pendle Hill & Harper, *Desconocimiento.*

Mayo

1. N. Sri Ram, *Un enfoque a la realidad.*
2. George S. Arundale, *El monte Everest.*
3. Will Durant, *La historia de la filosofía.*
4. F. G. Montagu Powell, *Estudios sobre los misterios menores.*
5. H. P. Blavatsky, *Isis revelada.*
6. Arundale, *Everest.*
7. Claude Bragdon, *Mujer de Delfos.*
8. J. J. Van der Leeuw, *La conquista de la ilusión.*

9. William Wordsworh, *La excursión.*
10. Sri Ram, *Enfoque.*
11. J. Krishnamurti, *El reino de la felicidad.*
12. Lana Anagarika Govinda, *La actitud psicológica de la filosofía del Budismo antiguo.*
13. Ernest Wood, *Intuición de la voluntad.*
14. Arundale, *Everest.*
15. Dag Hammerskjold, *Señales.*
16. A. T. Barker, ed., *Las cartas de Mahatma a A. P. Sinnett.*
17. Plotino.
18. G. de Purucker, *Preceptos de oro.*
19. Paul Brunton, *La sabiduría del ser superior.*
20. Sir Henry Jones, *Una fe que inquiere.*
21. Arundale, *Everest.*
22. C. Jinarajadasa, ed., *Cartas de los maestros de la sabiduría, II.*
23. Van der Leeuw, *Conquista.*
24. Sri Ram, *Enfoque.*
25. Arundale, *Everest.*
26. Barker, *Las cartas de Mahatma.*

27. Roy Mitchell, *Exilio del alma.*
28. Arundale, *Everest.*
29. Van der Leeuw, *Conquista.*
30. Annie Besant, *En el atrio exterior.*
31. Ari Ram, *Enfoque.*

Junio

1. N. Sri Ram, *Un enfoque a la realidad.*
2. George S. Arundale, *Tú.*
3. George Santayana, *El sentido de la belleza.*
4. Bradford Smith, *Meditación: el arte interior.*
5. Oscar Wilde, *El retrato de Dorian Gray.*
6. N. Sri Ram, *El interés humano.*
7. Ernest Wood, *Los siete rayos.*
8. Ralph Waldo Emerson, "El Poeta", *Ensayos.*
9. Louis Anspacher, *El reto de lo desconocido.*
10. Manly P. Hall, *El Cristo místico.*
11. Platón, *La república.*
12. C. Jinarakadasa, *Condición de estar sin karma.*
13. Vera Brittain, *Testamento de la juventud.*
14. Kahlil Gibran, *El profeta.*

15. Smith, *Meditación.*
16. G. de Purucker, *Preceptos de oro.*
17. Santayana, *Belleza.*
18. Dag Hammerskjold, *Señales.*
19. C. Jinarakadasa, *Dioses encadenados.*
20. Sri Ram, *Humano.*
21. F. W. Ruckstull, *Grandes obras de arte.*
22. Emerson, "Arte", *Ensayos.*
23. Jinarakadasa, *Condición de estar sin karma.*
24. Marco Aurelio, *Meditaciones.*
25. L. M. Little, "Oro de las Hadas".
26. Sri Ram, *Humano.*
27. Sir Henry Jones, *Una fe que inquiere.*
28. Ruckstull, *Obras.*
29. Smith, *Meditación.*
30. Sri Ram, *Enfoque.*

Julio

1. H. P. Blavatsky, *La clave de la teosofía.*
2. H. M. Tomlinson.
3. Clara Codd, *La sabiduría inmortal de la vida.*

4. N. Sri Ram, *Buscando la sabiduría.*
5. Annie Besant, *Algunas dificultades de la vida interior.*
6. G. de Purucker, *Preceptos de oro.*
7. F. S. Marvin, *Historia en Oxford,* Introducción.
8. Thornton Wilder, *Los idus de marzo.*
9. Basil King, *La conquista del miedo.*
10. Sri Aurobindo, *Fundamentos de yoga.*
11. Harry Emerson Fosdick, *Éxito en la vida cristiana.*
12. Vera Brittain, *Testamento de la juventud.*
13. Codd, *Sabiduría.*
14. I. A. R. Wylie, "La búsqueda de nuestras vidas", *Reader's Digest.*
15. Franz Werfel, *Los cuarenta días de Musa Dagh.*
16. Annie Besant, cita en Codd, *Sabiduría.*
17. William Allen White, *Autobiografía.*
18. Thomas Carlyle, *Los héroes y el culto a los héroes.*
19. King, *Conquista.*
20. Annie Besant y C. W. Leadbeater, *Pláticas sobre el camino del ocultismo.*

21. Dag Hammerskjold, *Señales.*
22. Víctor Hugo, *Los miserables.*
23. Wylie, "Búsqueda".
24. Besant y Leadbeater, *Pláticas.*
25. Wilder, *Idus.*
26. Annie Besant, *Iniciación.*
27. Wilder, *Idus.*
28. Joseph R. Sizoo, *Predicar sin avergonzarse.*
29. King, *Conquista.*
30. Annie Besant, *Las funciones de los dioses.*
31. N. Sri Ram, *El interés humano.*

Agosto

1. N. Sri Ram, *Pensamientos para aspirantes.*
2. Brother Lawrence, *La práctica de la presencia de Dios.*
3. Tomás de Kempis, *Imitación de Cristo.*
4. Ik Marvel, *Meditaciones de un soltero.*
5. Micah 6:8.
6. Witter Bynner, tr., *El camino de la vida* (Laotsé).

7. John Macy, *La historia de la literatura mundial.*
8. Dag Hammerskjold, *Señales.*
9. San Francisco de Asís, *Los consejos del Santo Padre.*
10. Lawrence, *Práctica.*
11. Sri Ram, *Pensamientos.*
12. Tomás Moro, *Los amores de los ángeles.*
13. Mateo 13:22.
14. Harvey Cushing, *La vida de Sir William Osler.*
15. Alfred Lord Tennyson, *Idilios del Rey.*
16. Sri Ram, *Pensamientos.*
17. Charles H. Spurgeon, *Espigas entre las gavillas.*
18. Dag Hammerskjold, *Señales.*
19. N. Sri Ram, *Buscando la sabiduría.*
20. Eurípides, *Las bacantes.*
21. T. S. Elliot, *Cuatro cuartetos.*
22. Idries Shah, *El camino del Sufi.*
23. Cicerón, *De Officiis.*
24. Walter Malone, *Los poetas más humildes.*
25. Hammerskjold, *Señales.*
26. Rudyard Kipling, *Himno.*

27. Sri Ram, *Sabiduría.*
28. A. J. Arberry, *Sufismo.*
29. T. S. Elliot, *Shakespeare y el estoicismo de Séneca.*
30. Sri Ram, *Pensamientos.*

Septiembre

1. N. Sri Ram, *Un enfoque a la realidad.*
2. John Henry Strong, *Jesús, hombre de oración.*
3. N. Sri Ram, *Pensamientos para aspirantes.*
4. Haridas Chaudhuri, *Cómo superar los problemas del vivir.*
5. G. de Purucker, *Preceptos de oro.*
6. Annie Besant, *La teosofía y los problemas más profundos de la vida.*
7. Hans-Ulrich Rieker, *El secreto de la meditación.*
8. Starr Dailey, *Liberación.*
9. Sri Ram, *Enfoque.*
10. Albert Einstein, *De mis últimos años.*
11. Clara Codd, *La sabiduría inmortal de la vida.*
12. J. J. Van der Leeuw, *La conquista de la ilusión.*

13. San Pablo, Col. 4:8.
14. Annie Besant, *La sabiduría de los Upanishads.*
15. *El Dhammapada.*
16. John Ruskin.
17. Sri Ram, *Pensamientos.*
18. Purucker, *Preceptos.*
19. Charles Henry Mackintosh, *Miré la vida.*
20. Lana Anagarika Govinda, *La actitud psicológica de la filosofía del Budismo antiguo.*
21. Bradford Smith, *Meditación: El arte interno.*
22. Codd, *Sabiduría.*
23. Annie Besant, *Iniciación.*
24. Henry C. Link, *Mi regreso a la religión.*
25. Jolande Jacobi, *El camino de la individualización.*
26. Dag Hammerskjold, *Señales.*
27. A. T. Barker, ed., *Las cartas de Mahatma a A. P. Sinnett.*
28. Haridas Chaudhuri, *Problemas.*
29. Govinda, *Actitudes.*
30. Sri Ram, *Pensamientos.*

Octubre

1. Sri Ram, *Buscando la sabiduría.*
2. H. P. Blavatsky, *La clave de la teosofía.*
3. Starr Dailey, *Liberación.*
4. N. Sri Ram, *Pensamientos para aspirantes.*
5. Charles Johnston, tr., *Yoga Sutras de Patanjali.*
6. Annie Besant, tr., *El Bhagavad Gita*, Prefacio.
7. Sri Ram, *Pensamientos.*
8. Basil King, *La conquista del miedo.*
9. G. de Purucker, *Preceptos de oro.*
10. Sri Ram, *Pensamientos.*
11. Aldous Huxley, *Pilato bromista.*
12. H. P. Blavatsky, *La doctrina secreta,* 5.
13. Sri Ram, *Sabiduría.*
14. Platón, *La república.*
15. Annie Besant, *En el atrio exterior.*
16. H. P. Blavatsky, citada por Clara Codd, *La sabiduría inmortal de la vida.*
17. Sri Ram, *Pensamientos.*
18. Purucker, *Preceptos.*
19. Codd, *Sabiduría.*

20. Sri Ram, *Sabiduría.*
21. Haridas Chaudhuri, *Problemas.*
22. Annie Besant, tr., *El Bhagavad Gita*, Introducción.
23. Sri Ram, *Pensamientos.*
24. Blavatsky, *Clave.*
25. Sri Ram, *Pensamientos.*
26. Chaudhuri, *Problemas.*
27. H. P. Blavatsky, *Isis revelada.*
28. Sri Ram, *Pensamientos.*
29. Chaudhuri, *Problemas.*
30. Sri Ram, *Pensamientos.*

Noviembre

1. George S. Arundale, *La comprensión es felicidad.*
2. *Ibid.*
3. *Ibid.*
4. *Ibid.*
5. *Ibid.*
6. *Ibid.*

7. *Ibid.*
8. N. Sri Ram, *Pensamientos para aspirantes.*
9. Albert Einstein, *De mis últimos años.*
10. Abraham Heschel, *¿Quién es el hombre?*
11. Jolande Jacobi, *El camino de la individualización.*
12. Clara Codd, *La sabiduría inmortal de la vida.*
13. Indries Shah, *El camino del Sufi.*
14. Talbot Mundy, *OM.*
15. Manly P. Hall, "Las figuras místicas de Jacob Boheme".
16. G. de Purucker, *Preceptos de oro.*
17. Annie Besant, *Dharma.*
18. Charles A. Lindbergh, *Sobre los vuelos y la vida.*
19. Grace Hazard Conkling, *Después del ocaso.*
20. Arundale, *La comprensión trae la luz.*
21. Francis Bacon, *Ensayos.*
22. Lana Anagarika Govinda, *La actitud psicológica de la filosofía del Budismo antiguo.*
23. Esdras, *Los apócrifos.*
24. Purucker, *Preceptos.*

25. Junius.
26. Shah, *Sufi.*
27. Heschel, *El hombre.*
28. Purucker, *Preceptos.*
29. Annie Besant, *El campo de trabajo de la sociedad teosófica.*
30. Purucker, *Preceptos.*

Diciembre

1. N. Sri Ram, *El interés humano.*
2. Paul Brunton, *La sabiduría del ser superior.*
3. Goeffrey Hodson, *Poderes ocultos en la naturaleza y en el hombre.*
4. Herbert George Wells.
5. Charles Johnston, tr., *Yoga Sutras de Patanjali.*
6. Jane Porter.
7. Lin Yutang, *Mi país y mi pueblo.*
8. Anónimo.
9. Sri Ram, *Humano.*
10. Thomas Cole, *Enfrentando la vida.*
11. Annie Besant, *Un estudio sobre el karma.*

12. Lana Anagarika Govinda, *La actitud psicológica de la filosofía del Budismo antiguo.*
13. Sri Ram, *Humano.*
14. Will Durant (sobre Aristóteles), *La historia de la filosofía.*
15. C. W. Leadbeater, *El aspecto oculto de las cosas.*
16. N. Sri Ram, *Pensamientos para aspirantes.*
17. Haridas Chaudhuri, *Cómo superar los problemas del vivir.*
18. James Openheim.
19. George Eliot.
20. Sri Ram, *Humano.*
21. Will Durant (sobre Kant), *La historia de la filosofía.*
22. F. Max Müller, tr., *El Dhammapada.*
23. Geoffrey Hodson, *Poderes ocultos.*
24. Nathaniel Hawthorne, *Cuaderno americano.*
25. Annie Besant, *Teosofía.*
26. George Bernard Shaw.
27. Epicteto.
28. Horace Mann.

29. George Bernard Shaw, *Cándida*.
30. Samuel Taylor Coleridge, *El amigo*.
31. Sri Ram, *Pensamientos*.

TÍTULOS DE ESTA COLECCIÓN

A los Pies del Maestro y hacia el Camino del Discípulo. *Jiddu Krishnamurti (Alcyone)*
Consejos a Cenicienta. *Suzanne E. Harrill*
Cuidándome. *Mary Kay Mueller*
Del Masoquismo Utópico al Masoquismo Científico. *R. Mares*
Desayunos para el Alma. *R. R. Cárdenas*
Dones del Loto. *Virginia Hanson*
El Árbol de la Vida. *C. Cicero y Sandra Cicero*
El Arte de la Lucha Espiritual. *Grant Schnarr*
El Viaje Infinito. *C. Schmill S.*
Espigas de Oro. *Dr. Marco A. Garibay*
Guía Espiritual para el Nuevo Milenio. *A. John Bethel*
La Era de Cristal. *Sanamsin Omsandar*
Las Enseñanzas de las Artes Marciales aplicadas al Golf. *Richard Behren*
Las Mejores Frases Célebres de México y el Mundo. *A. Morales*
¿La Vida es Bella? *Marie-André Linteau*
Más Allá de lo Obvio. *Christine Page*
Un Arte de Vivir. *André Maurois*
Viajando. Donde el Chamanismo y la Psicología se Encuentran. *Jeannette M. Gagan PhD*

Impreso en Offset Libra

Francisco I. Madero 31

San Miguel Iztacalco,

México, D.F.